Narben des Krieges

Von Braunau bis Jalta

19 Reisen zu Orten, die der
Zweite Weltkrieg gezeichnet hat

Narben des Krieges

Von Braunau bis Jalta

19 Reisen zu Orten, die der Zweite Weltkrieg gezeichnet hat

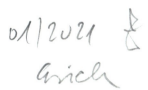

Impressum

Idee/Konzept: Thomas Götz, Hubert Patterer, Stefan Winkler
Projektleitung: Valentin Habjan
Redaktion: Thomas Götz, Stefan Winkler
Fotografen: Marija Kanižaj, Wolfgang Zajc, Moritz Küstner,
Wiktor Winkow, Georges Schneider, Marcus Scheidel

Layout und Umschlag: Ernestine Kulmer/studio bleifrei Graz
Lektorat: Josef Georg Majcen
Druck und Bindung: Birografika Bori, Ljubljana, Slowenien

© 2015 Edition KLEINE ZEITUNG
     Anzeigen und Marketing Kleine Zeitung GmbH & Co KG
     A-8010 Graz, Gadollaplatz 1

Alle Rechte vorbehalten!

ISBN 978-3-902819-47-5

Gedruckt auf Munken Pure Rough 120 g/m² von Arctic Paper

Inhalt

Vorwort	7
Braunau am Inn – Das Geisterhaus Wo Hitler geboren wurde – eine Immobilie, die keiner will	12
Prora – Wo Freude nie aufkam und die Kraft verwich Hitlers Ferienparadies für alle und die zivile Seite des Totalitarismus	24
Coventry – Vater, vergib Wie der deutsche Bombenterror eine Stadt bis heute prägt	40
Stalingrad/Wolgograd – „Vom Patriotismus kann eine Stadt nicht leben" Die Stadt der ersten Niederlage Hitlers sucht ihren Weg in die Zukunft	56
Symi – Dornröschens schwarzes Hemd Woher die griechische Wut auf Deutschland?	80
Pohorje/Bachern – Antigone auf dem Bachern Wo Titos Partisanen ihre Gegner ermordeten und verscharrten	112
Eisenkappel/Železna Kapla – Aber schön ist es hier Das Kärntner Grenzland und die ungesühnten Verbrechen der letzten Kriegstage	132
Marzabotto – Die Toten vom Monte Sole SS-Sturmbannführer Walter Reder und sein vergessenes Massaker	152
Dachau – Der Geist der Lagerstraße Ist die Sozialpartnerschaft tatsächlich eine Folge gemeinsamer Hafterfahrung?	182

Hartheim – „Großmutter, ich habe dir
ein Gesicht gegeben" 202
Das Euthanasieprogramm der Nazis und seine
vergessenen Opfer

Jerusalem – Das große Tabu 226
Wie der Prozess gegen Adolf Eichmann Israel verändert hat

St. Radegund – „Ich verzeihe allen vom Herzen" 250
Besuche im Jägerstätter-Haus, das zu einem Ort
spiritueller Stärkung wurde

Kreisau – Die Stimmen der Toten 264
Sie starben für ihre Ideen – Helmuth James von Moltke
und der Kreisauer Kreis

Jalta – Die Vertreibung aus dem Paradies 280
Die Teilung Europas und die Vertreibung der Tataren –
ein Besuch in „Neu-Russland"

Peenemünde – Verbrecher an der Wiege
der Raumfahrt 300
Wo Hitler die „Wunderwaffe" zur Rettung des Reiches
entwickeln ließ

Los Alamos – Die Physiker 314
Die Atombombe und das verstrahlte Erbe einer
folgenschweren Erfindung

Gotha – Der vergessene Ritter 332
Wie Josef Ritter von Gadolla den Befehl zur
Zerstörung Gothas verweigerte

Nürnberg – Keine Tat bleibt ungesühnt 354
Die Stadt triumphaler NS-Parteitage wird zum Ort
der Abrechnung mit den Tätern

Schengen – Die Wiege des neuen Europa 372
Frankreichs gepanzerte Maginot-Linie und die Öffnung
der Grenzen des Kontinents

Vorwort

„Strahlungen" nannte Ernst Jünger sein Tagebuch aus dem Zweiten Weltkrieg. Den Strahlungen, die der verheerende Krieg von 1939 bis 1945 hinterlassen hat, gehen Redakteurinnen und Redakteure, verstärkt durch einige unserer Korrespondenten, in diesem Buch nach. Sie besuchten Orte, die im Krieg eine Rolle gespielt hatten oder die für die Zeit danach wichtig werden sollten. Sie fragten, wie der Krieg fortwirkt bis heute, sei es im Negativen oder auch durch den Wandel zum Guten, den es ohne dieses Schlachten nicht gegeben hätte.

Die 19 Foto-Reportagen, die wir in diesem Band gesammelt haben, schildern Orte des Schreckens und der Entscheidung, aber auch Keimstätten der Zukunft. Wir beginnen mit dem Geburtshaus Adolf Hitlers, einer kaum verwertbaren Immobilie, die bis heute obskure Führer-Verehrer an den Inn lockt. Wir besuchten das Urlaubsparadies Prora, das die Organisation Kraft durch Freude für 20.000 Erholungsbedürftige bauen ließ. Der gigantische Torso auf der Insel Rügen zeigt die zivile Seite des totalitären Staates. Die Raketenproduktion Wernher von Brauns liegt nicht weit davon entfernt in Peenemünde. Während hier deutsche Forscher die Wunderwaffe V2 entwickelten, von der sich die Raketenprogramme von Ost und West herleiten, arbeiteten J. Robert Oppenheimer und andere große Physiker in Los Alamos an der Atombombe, die eigentlich Deutschland gelten hätte sollen.

Von den Folgen des ersten Flächenbombardements erzählt die Reportage aus Coventry, jener britischen Stadt, die deutsche Bomber in einer Nacht eingeäschert haben. Die griechische Insel Symi verunstalten bis heute offene Wunden des Krieges. Die Reparationsforderungen Griechenlands wären ohne die überall sichtbaren Ruinen leichter von der Hand zu weisen. Wir fuhren nach Nürnberg, die Stadt der Reichsparteitage und der Kriegsverbrecherprozesse, die bis heute schwer an der Last der totalitären Protzarchitektur trägt. Im Schloss Hartheim, wo die Euthanasiemorde der Nationalsozialisten endlich dokumentiert sind, fanden wir die Tochter eines Opfers, die jahrzehntelang nicht gewusst hatte, wie ihre Mutter gestorben war. Den Holocaust schildern wir indirekt: Wir baten unseren Israel-Korrespondenten Gil Yaron, der aus Deutschland stammt, über die Gedenkstätte Yad Vashem auf dem Herzelberg in Jerusalem und ihre Bedeutung für Israel zu schreiben. In Marzabotto schilderten uns Menschen, warum sie bis heute nicht verstehen können, wieso der Kriegsverbrecher Walter Reder unbedingt freigelassen werden musste. Wie schwer die Last der Vergangenheit über dem Land liegen kann, zeigt die Reportage aus Eisenkappel und aus dem slowenischen Pohorje. Worüber man nicht sprechen kann, darüber muss man schweigen.

Zu den bewegendsten Geschichten im Buch gehört die Begegnung mit der Tochter des Wehrdienstverweigerers Franz Jägerstätter. Von den Nationalsozialisten ermordet, hat ihn die katholische Kirche kürzlich seliggesprochen. Weniger bekannt als der Oberösterreicher ist der Grazer Ritter von Gadolla, der den Befehl zur Sprengung von Gotha verweigert hatte und dafür noch kurz vor Kriegsende standrechtlich hingerichtet wurde. Heute gilt seine Tat wie die Jägerstätters als mutiges Zeugnis, aber das war lang nicht so. Ein Zeichen der Hoffnung in den finsteren Jahren der Diktatur war auch der Kreisauer Kreis. Adelige, Sozialdemokraten, Katholiken und Evangelische scharten sich um Helmuth James Graf Moltke in seinem Schloss in Schlesien, um im Geheimen über die Zukunft Deutschland und ein einiges Europa nachzudenken. Sie bezahlten ihre Gedanken mit dem Tod. Jalta, das Wladimir Putin kürzlich in sein Reich eingliederte, darf in dem Buch nicht fehlen: Hier teilten die späteren Siegermächte einst Europa auf. Wir schildern, wie das Lager Dachau Politiker prägt, die später die Konsensdemokratie der Zweiten Republik begründen sollten. Zwischen der Maginot-Linie, der wohl sinnlosesten Befestigungsanlage aller Zeiten, und dem Ort Schengen liegen nur wenige Kilometer. Die Idee der Öffnung der Grenzen macht am Ende des Buches den Blick frei auf das neue, gemeinsame Europa, das es ohne diesen Krieg kaum gegeben hätte.

Die Redaktion

Das Geisterhaus

Was tun mit Adolf Hitlers Geburtshaus? Weder die Republik Österreich noch die Gemeinde Braunau trauen sich an eine Umdeutung des ikonischen Bauwerks. Bloß wirkt die urösterreichische Beschwörungsformel „Glücklich ist, wer vergisst" nicht mehr.

UTE BAUMHACKL (TEXT)
MARIJA KANIŽAJ (FOTOS)

Man möchte schreiben, das ist ein Haus, dem man es ansieht. Es ist aber ein ganz normales Haus. Gelber Anstrich, etwas brüchig. Der Sockel abgewetzt, darüber ein schwärzlicher Hüftgürtel aus Mauersalpeter und Schimmel. Muss ein ziemlich feuchter Kasten sein, jetzt noch ärger als früher, als das Haus bewohnt war. Es steht seit Jahren leer.

Das Parterre hat vergitterte Fenster. Die Holztür ist verriegelt, die Klingel ohne Strom, die Fenster sind blind vor Schmutz. Auch wenn das Haus langsam vor sich hin verkommt, es gibt jemanden, der sich das Nutzungsrecht pro Monat fast 4900 Euro kosten lässt: Die Republik Österreich ist seit 1972 Hauptmieter des Objekts Salzburger Vorstadt 15 in Braunau. 800 Quadratmeter in bester Lage, vis-à-vis ein Bioladen, direkt daneben ein italienischer Eissalon und das örtliche Jugend Service Center, in dem für die Aktion „World Weit Weg" geworben wird, eine Ferialjobbörse.

Vor der Tür ein Parkautomat und eine Bushaltestelle. Hier wurde am 20. April 1889 Adolf Hitler geboren, in einem Zimmer im zweiten Stock.

Schon ein paar Wochen nach der Geburt ist die Familie ausgezogen, drei Jahre später verließ der Zollbeamte Alois Hitler mit seiner kleinen Familie die Stadt. Und doch weiß die ganze Welt: Hitler wurde in Braunau geboren. Braunau, die Hitler-Stadt.

Adresse Salzburger Vorstadt 15 in Braunau: Das Haus, in dem Adolf Hitler geboren wurde, steht seit Jahren leer.

Adolf Hitler ist nur einmal dorthin zurückgekehrt: Am 12. März 1938, dem Tag des „Anschlusses" Österreichs an Nazi-Deutschland, überquerte er ausgerechnet in Braunau den Inn. Wohl nicht aus sentimentalen Gründen, er soll sich in seiner Geburtsstadt auch gar nicht aufgehalten haben, sie lag eben auf dem Weg nach seiner Lieblingsstadt Linz, dort wollte er hin.

In seinem 1924 verfassten Pamphlet „Mein Kampf" findet der Ort immerhin Erwähnung: „Als glückliche Bestimmung gilt es mir heute, dass das Schicksal mir zum Geburtsort gerade Braunau am Inn zuwies. In diesem von den Strahlen deutschen Märtyrertums vergoldeten Innstädtchen, bayerisch dem Blute, österreichisch dem Staate nach, wohnten am Ende der achtziger Jahre des vergangenen Jahrhunderts meine Eltern."

Die Selbstverklärung zum Quasibayern hilft der Stadt natürlich nichts, genauso wenig wie der in Braunau oft zu hörende unglückselige Hinweis, die Familie Hitler habe hier ja bloß ein paar kurze Jahre gelebt, darauf könne man Braunau wohl doch nicht reduzieren, immerhin sei hier 1705 von bayerischen Aufständischen gegen die Habsburger („Lieber bayerisch sterben als österreichisch verderben" – wahrscheinlich ist das Hitlers „deutsches Märtyrertum") das „Braunauer Parlament", das erste demokratische Konstrukt im Europa der Neuzeit, gegründet worden, immerhin gilt die Stadtpfarrkirche St. Stephan aus dem 15. Jahrhundert als bedeutendes Denkmal österreichischer Spätgotik, immerhin ist Braunau eine florierende Schul- und Einkaufsstadt, immerhin sind hier auch z.b. der kurfürstlich bayerische Hofmaler Johann Kaspar Sing, die VW-Managerin Ursula Piëch, der Musicaldarsteller Lukas Perman geboren.

Das hilft aber alles nichts. Der berühmteste Sohn der Stadt ist der größte Verbrecher der Menschheitsgeschichte.

Und Braunau findet keinen Umgang damit.

Wer im Ort nach dem Haus fragt, erhält Auskunft, aber knapp; man nervt. „Ich sehe das Haus gar nicht mehr, wenn ich daran vorbeigehe. Nicht weil ich es verdrängen will, sondern weil es immer schon da war", sagt eine Passantin. Wer über das Haus spricht, liefert die selbstgebastelte Rechtfertigung gleich mit.

In den Tourismusbroschüren ist das Haus auch vermerkt. Oder nein, eigentlich nicht: Der Mahnstein, der davor steht, ist vermerkt, ein hüfthoher, massiver Quader aus Granit. 1989, 100 Jahre nach Hitlers Geburt, wurde er auf den Gehsteig vor Hitlers Geburtshaus gesetzt. Dort steht er noch immer, zwischen Blumenkisten voll Stiefmütterchen und Tagetes.

Gedenkstein vor dem „Hitler-Huus": gut gemeint, aber reicht diese Form der Erinnerung wirklich aus?

STEIN AUS DEM KONZENTRATIONSLAGER
MAUTHAUSEN

wurde auf die dem Haus zugewandte Längsseite eingraviert.

FÜR FRIEDEN FREIHEIT UND DEMOKRATIE
NIE WIEDER FASCHISMUS
MILLIONEN TOTE MAHNEN

steht auf der anderen Seite.

Der Stein ist gut gemeint, er bezeugt aber auch den unzulänglichen Umgang des offiziellen Österreich mit seiner Geschichte. Millionen Tote mahnen? Wen denn? Woran? Zu mehr hat man sich tatsächlich nicht durchringen können? Wem ist mit derart schwammigem, verschämtem Gedenken gedient?

Zugegeben, die Situation ist verfahren. Das Hitler-Haus gehört einer alten Dame, die die Öffentlichkeit strikt meidet. Man weiß kaum, wer Gerlinde Pommer ist, man weiß nicht, was sie denkt. Als an der Fassade eine Gedenktafel angebracht werden sollte, hat sie es untersagt. Gegen den Mahnstein konnte sie nichts unternehmen, er steht auf öffentlichem Grund.

Im Mietvertrag von 1972 wird auch eine „Nutzung im zeithistorischen Kontext" ausgeschlossen, Pommers Anwalt hat frühere Versuche, ein Museum oder eine Gedenkstätte einzurichten, unterbunden. Das Haus dürfen nur soziale oder administrative Einrichtungen nutzen, eine Schule und eine Bank waren hier ebenso untergebracht wie die „Volksbücherei", von der noch immer ein Schriftzug an der Fassade kündet. Zuletzt war die „Lebenshilfe" Quartiernehmer, als ein barrierefreier Umbau notwendig wurde, legte die Besitzerin auch dagegen ihr Veto ein. Seither steht das Haus leer.

Im Jahr 2014 machte das Gerücht die Runde, ein russischer Abgeordneter wolle das Haus kaufen und sprengen. Was natürlich unmöglich ist: Erstens kann man Erinnerung nicht auf diese Weise auslöschen, zweitens steht das 500 Jahre alte Gebäude unter Denkmalschutz. Und zwar – nicht zufällig – seit 1938. Da kaufte Hitlers Privatsekretär und Vertrauter Martin Bormann der Familie Pommer das Haus, das damals ein Wirtshaus beherbergte, um 150.000 Reichsmark ab und ließ darin eine Art Nazi-Pilgerstatt errichten. Über der Tür sollen noch seine Initialen MB zu sehen sein.

Nach dem Krieg erwarb es die Familie um einen Bruchteil des Geldes zurück; die Erbin hat damit heute ein stattliches Fixeinkommen. Da Gerlinde Pommer als wenig verhandlungsbereit gilt, gab es Anfang 2015 gar Spekulationen über eine Enteignung durch die Republik. Was als rechtliche Unmöglichkeit wieder verworfen werden musste.

Der Bürgermeister schlug vor einiger Zeit den Umbau in ein Wohnhaus vor. Die Aussicht auf Ewiggestrige als Mieter, die an Nazi-Gedenktagen bräunliche Privatfeiern abhalten, bewog ihn dann aber zum Glück zum Umdenken. Der aus Braunau gebürtige Historiker Andreas Maislinger, Initiator des österreichischen Gedenkdiensts wie der „Braunauer Zeitgeschichtetage", propagiert eine Einrichtung, die er „Haus der Verantwortung" nennt: eine Art internationales Forschungszentrum, eine Begegnungsstätte, an der junge Leute aus aller Welt den gesellschaftlichen und politischen Umgang mit Vergangenheit, Gegenwart, Zukunft prüfen. Das nähme dem Haus seine „magische Auflandung" als Ort des Bösen, argumentiert Maislinger, und setzte ein Zeichen, das international Beachtung fände.

Ob die Gemeinde sich dazu durchringen kann, wird sich zeigen. Wunder dauern bekanntlich etwas länger. Immerhin wurde Hitler bereits 2011 die Ehrenbürgerschaft aberkannt (nachdem man vorab länger darüber diskutiert hatte, ob sie mit seinem Tod nicht ohnehin erloschen sei).

Ganz ohne Ironie: In vielerlei Hinsicht bemüht sich der Ort, mit diesem schweren Erbe umzugehen. Man hat die Zeitgeschichtetage, man ließ den Künstler Gunter Demnig „Stolpersteine" verlegen, die an Opfer des Holocaust erinnern, man hat dem 1943 wegen „Wehrkraftzersetzung" hingerichteten Kriegsdienstverweigerer Franz Jägerstätter mit einem nach ihm benannten Park ein Andenken gesetzt.

Aber das Haus zieht miese Klientel an. Was tun gegen Neonazis, die sich nachts vor dem Haus Salzburger Vorstadt 15 mit Hitlergruß in Pose werfen und die Bilder im Internet posten? Was tun gegen rechtsextreme Sprayer und ihre Drohung „Kein Platz für Zecken" auf dem Pfeiler der Innbrücke? Was tun gegen Vandalen, die den Mahnstein beschmieren? Wie umgehen mit Leuten, die sich Mauerputzbrocken als Souvenir aus der Fassade kratzen? Oder mit braunen Wallfahrern, die nach der „Hütte vom Chef?" fragen, wenn sie durch den Ort ziehen, wie eine junge Braunauerin berichtet.

70 Jahre nach Kriegsende wäre es in Braunau Zeit für ein deutliches Zeichen, um einen offenen Umgang mit dem Etikett „Hitlerstadt". Aus soziohygienischen Gründen. Und auch, damit die Zeichensetzung nicht den Falschen überlassen bleibt. Immerhin eines haben die letzten sieben Jahrzehnte nämlich bewiesen: Die Beschwörungsformel „Glücklich ist, wer vergisst" hat in Österreich keine Gültigkeit mehr. Braunau ist der Beweis dafür.

Wo Freude nie aufkam und die Kraft verwich

An einem prachtvollen Sandstrand der Insel Rügen wollten die Nazis ein gigantisches Urlaubsparadies für ihre Parteigänger schaffen. Geblieben ist die größte Hotelruine Europas, um die sich seit Kriegsende verschiedenste Interessenten aneinander abarbeiten.

FRIDO HÜTTER (TEXT)
MARIJA KANIŽAJ (FOTOS)

Rund fünf Dutzend Angler stehen auf der Brücke von Stralsund nach Rügen. Jetzt im Mai stellen sie dem deutschesten aller Fische nach, dem Hering. Und gleich drüben auf der Insel kommt er mannigfaltig mariniert auf den Teller. Die erste kleine Raststation bietet Matjes in zwölf Variationen. Auch ein mit Bärlauch gebeizter ist darunter.

Die Landschaft, vom mecklenburgischen Rostock bis hierher ganz platt, nimmt zusehends wellige Linien an. Als setze sich die Dünung der Ostsee hier erdgebunden fort. Noch bevor man den ersten Kreidefelsen, das Caspar-David-Friedrich-Motiv und die touristische Signatur Rügens erblickt hat, gerät man in den feinen Bann dieser Insel. Und dann Bad Binz. Hier sind die Alliterierten daheim. Die mit dem Restaurant Rasender Roland, die mit der Binzer Bäder-Bahn, einer Tramway auf Reifen. Der Ort ist ein kollektives Stilfest der Bäderarchitektur des Fin de Siècle, fortgesetzt bis ins Heute. Jenem weiß gelackten Holzbau, den Österreicher in minimaler Form vom Badehaus des Hotels Werzer am Wörthersee kennen. Rosetten, Säulchen und Balkone an der Vorderfront. Die gusseiserne Bourbon Street von New Orleans in ihrer heiteren nördlichen Holz-Variante. Sie findet sich in fast allen Seebädern Rügens wieder.

Die Namen der Herbergen entsprechen: Die Villas Sanddorn, Amanda, Victoria, Libelle und Eden werben um Feriengäste. Etwa sieben Millionen touristischer Nächtigungen verzeichnete man

tert er. Wie unglaublich, sieht man erst, wenn man knapp vor der Senke am Waldrand angelangt ist. Reste von Steinmauern umschließen einen Blumengarten, aus dem Unterholz recken sich bereits ein paar gelbe Blüten.

Ein paar Meter entfernt angenehm federnder Waldboden, weitere Mauerreste. „Das war einmal das Auszugsgehöft vom Hojnikhof", klärt Haderlap auf.

Am 18. Jänner 1944 kam es auf dem Anwesen der Familie Polanšek zu einem ähnlichen Massaker wie auf dem Peršmanhof. In ihrem Gedenkbuch „Wer war Klara aus Šentlipš/St. Philippen?" hält die Historikerin Brigitte Entner fest: „In der Erinnerung wird davon gesprochen, dass ca. 30 Männer (Polizei, Gendarmerie) zum Hof kamen. Der Bauer Johan war krank und lag im Bett. Die Polizei verlangte, dass er, seine Frau und die 17-jährigen Zwillinge mitkommen sollten. Der protestierende Altbauer Florijan Polanšek wurde ebenfalls festgenommen. Zurück blieb die 14-jährige Tochter Klara mit ihren jüngeren Geschwistern, die wenig später das Elternhaus verlassen mussten. Florijan, Johan und Angela Polanšek wurden in unmittelbarer Nähe des Hofes ermordet und ihre sterblichen Überreste in ein von den Einsatzkräften gelegtes Feuer geworfen ... Tochter Mici wurde von der Gestapo in das KZ Ravensbrück verschleppt, sie überlebte die Torturen des KZ-Alltags. Nach der Räumung des Lagers wurde sie jedoch während des berüchtigten Todesmar-

Äste in die Luft. Es duftet nach Holz, Kräutern und feuchtem Boden. Das Dach ist frisch gedeckt, was das Haus nicht am langsamen Verfallen hindern dürfte. Am Hang klebt ein schmucker neuer Bildstock, der zum 50. Geburtstag der Tochter des ursprünglichen Besitzers errichtet wurde. Bei einem Fest habe man alte Missverständnisse ausgeräumt, weiß Zdravko Haderlap. Das Haus steht trotzdem leer.

„Keine Menschen", bedauert die Fotografin Marija Kanižaj, während sie mit der Kamera vor einem alten Holztor in die Knie geht. „Das erinnert mich sehr an die Krajina", sagt sie. Das Gebiet war nach dem Zerfall Jugoslawiens Schauplatz ethnischer Säuberungen, Tausende Menschen kamen ums Leben, Hunderttausende wurden zur Flucht gezwungen.

Marija wird auch die nächsten Stunden damit verbringen, Felswände, Berglandschaft, Stimmungen, Wegkreuze und Wald zu fotografieren. Der Wald ist wichtig. „Die Art, wie jemand in den Wald gegangen oder aus dem Wald herausgekommen ist, habe alles über ihn verraten", liest man bei Maja Haderlap in „Engel des Vergessens".

Als die Sonne durch die Äste bricht und flirrende Muster auf den Waldboden wirft, führt uns Zdravko Haderlap, die Schultern hoch- und die grüne Schirmkappe fest in die Stirn gezogen, vom Forstweg weg in den Wald und auf eine steil abfallende Lichtung. „Ein unglaublicher Ort", flüs-

Zdravko Huderlap lässt die Vergangenheit nicht ruhen, sondern taucht bei Führungen in sie ein.

Graben" von Birgit Sommer (Hessischer Rundfunk) hat Haderlap es geschafft, 20 Gesprächspartner zu finden, die den Zweiten Weltkrieg als Kinder oder Jugendliche erlebt haben. Einige haben ihre Geschichte zum ersten und gleichzeitig letzten Mal erzählt, wie Josef Nečemer, dessen Familie mit Glück davongekommen ist und als eine der wenigen keine Opfer zu beklagen hatte. Nečemer hat ein Interview für den Film gegeben und ist gestorben.

Sonst: „Bei uns ist jeder Hof ein Ort des Schreckens", stellt Haderlap fest. Der gelernte Feinmechaniker, der sich in den 1990er-Jahren mit seinem Tanztheater Ikarus in die jüngere Vergangenheit gegraben hat, hat für seine innovative Kulturarbeit 2014 den „Outstanding Artist Award" des Bundes erhalten. Ausgezeichnet wurde damit auch seine „Partisanen-Wanderung", die üblicherweise mit einem „Widerstandsgeist" beginnt – Schnaps vom elterlichen Vinklhof in bunten Gläsern. Dass der Tourismusverband von Bad Eisenkappel/Železna Kapla das nicht an die große Glocke hängen will, wundert nicht. Schon eher, dass das Geschichtekapitel auf der Gemeinde-Homepage von der Urzeit bis zu den Türkeneinfällen reicht und dann erst wieder 1945 beginnt – mit den Bemühungen um die Errichtung eines Krankenhauses.

Nur die Landschaft ist nicht böse. Rund um den Peternel-Hof, der ursprünglich zum Peršmanhof gehörte, recken alte Obstbäume die knorrigen

ren Haushälfte (in Zusammenarbeit mit dem Kärntner Partisanenverband und dem Verein Peršman) nach und nach das Museum entstand. „Die Menschen sind traumatisiert, es hat sich auch nie jemand um sie gekümmert", weiß Haderlap. „Wenn sie es endlich geschafft haben zu vergessen, will keiner mehr gefragt werden. Das reißt nur alte Wunden wieder auf."

In Andrina Mračnikars Film „Der Kärntner spricht Deutsch", der im zweiten Ausstellungsraum abgerufen werden kann, erzählt der Überlebende Ciril Sadovnik, wie er mit dem kleinen Bogo unter den Tisch flüchtete, wie sie unter den Tisch hineinschossen, wie Bogo im Kugelhagel gestorben ist. Das Gespräch aus dem Jahr 2006 zerbricht in Schockwellen, dass die Marienstatue auch beschossen wurde und in Flammen aufging, schiebt sich als deutlichste Erinnerung vor die Leichen und rührt zu Tränen. „Das Kind begreift, dass es die Vergangenheit ist, mit der es rechnen muss", heißt es in Maja Haderlaps Roman.

Reden über die Vergangenheit will kaum einer. „Das kann man doch nicht erzählen", hört Zdravko Haderlap immer wieder, wenn er Touristengruppen durch die Gräben führt. Kaum ein Haus in den Tälern Leppen/Lepena, Lobnik und Remschenik, wo nicht jemand im Widerstand oder im Konzentrationslager war, oft auch ein Familienmitglied bei der Wehrmacht. Der Krieg war direkt auf den Höfen, so abgelegen konnten sie gar nicht sein. Für den Dokumentarfilm „Der

Der Peršmanhof: Der Ort des Massakers beherbergt heute ein Museum.

Das Landesgericht Klagenfurt ermittelte bis Mitte der 1960er-Jahre gegen insgesamt 49 Personen. Den ersten Erhebungsbericht im April 1946 verfasste der Jurist und spätere Bürgermeister von Klagenfurt, Leopold Guggenberger. Im Jahr darauf war er allerdings nicht mehr mit dem Fall befasst, das Verfahren kam nie über das Stadium der gerichtlichen Voruntersuchung hinaus. „Gegen keine der beschuldigten Personen wurde Anklage erhoben", schreibt Claudia Kuretsidis-Haider in dem Buch „Peršman" (Wallstein-Verlag), das Dokumentation und Analyse in einem ist.

„Die Geschichte des Peršmanhofs ist kein singuläres Phänomen", stellt Lisa Rettl fest. „An vielen Höfen der zweisprachigen Region begegnen wir Geschichten vom gewaltsamen Sterben, vom Leben und Überleben in einem brutalen, totalitären und verbrecherischen System." Heute ist der im Seitental Leppen/Lepena gelegene Peršmanhof ein Museum und der einzige Ort in Österreich, an dem Geschichte der Kärntner Slowenen in der Zeit des Nationalsozialismus erzählt wird.

„Man muss sich vorstellen, dass die Malka hier gelebt hat, als schon eine Gedenkstätte eingerichtet war", erzählt Zdravko Haderlap und deutet auf das Zimmer gleich rechts vom Eingang. Jedes Mal, wenn sie die Tür aufgemacht habe, habe sie direkt auf die Fotos mit den Leichen geschaut. Auch ihre ältere Schwester Ana lebte auf dem Peršmanhof, während in der ande-

Ende des Kriegs setzten, saßen beim Riepl rund 70 SS- und Polizeimänner und beratschlagten, was zu tun sei auf dem Peršmanhof.

Der 25. April 1945 war ein Mittwoch, nach Aussage der damals zehnjährigen Ana „wurde an dem Tag Mist geführt". Der Einsatz des SS- und Polizeiregiments 13 erfolgte nach einer Anzeige wegen Viehdiebstahls. Wie die Historikerin Lisa Rettl festhält, „flüchteten die Partisanen, die gerade die Essensausgabe beendet hatten, zunächst aus dem Haus. Die Familienmitglieder versteckten sich im Keller." Nach einem „längeren Feuergefecht" mit den Partisanen zog sich der Polizeitrupp auf den Rieplhof zurück und beriet. Schließlich kehrte ein Stoßtrupp auf den Peršmanhof zurück, wo – so Rettl – „seitens des Reichsdeutschen Josef Reischl der Schießbefehl zur Ermordung der Familie erteilt wurde". Von der Familie, die auch zwei Kinder vom benachbarten Čemerhof bei sich aufgenommen hatte, überlebten nur drei Kinder, die sich tot stellten: die sechsjährige Amalija, genannt Malka, und ihre zehnjährige Schwester Ana (beide schwer verletzt) sowie ihr elfjähriger Cousin Ciril. Die anderen elf Menschen, die sich auf dem Hof aufhielten, wurden ermordet, vom acht Monate alten Bogomir bis zur Altbäurin Franziska. Cirils Mutter Katarina starb an ihrem 44. Geburtstag. Sechs Personen verbrannten nach ihrer Ermordung im Wohnhaus.

Weites Land – die Gräben am südlichsten Zipfel Kärntens.

„Was ich hier tu?" fragt Edi Wallisch und antwortet: „Ich tu gern gut kochen, gehe Bogenschießen und veranstalte Konzerte." Hier – das ist der Alpengasthof Riepl auf der Luschaalm. Hier – da laufen mehrere Weitwanderwege zusammen, das Gebirgspanorama ist ebenso atemberaubend wie der stoßweise vorbeijagende Wind. Hierher hat sich Wallisch zurückgezogen. Seitdem die Kinder studieren, muss er nicht mehr in Klagenfurt leben. „Einsam ist es schon ein bissel", gibt er zu, aber: „Ich habe mich in den Platz verliebt."

Bevor Wallisch, der zu besonderen Terminen auch das Buffet im Klagenfurter Musilinstitut betreut, beim Riepl auf 1200 Metern Seehöhe eingezogen ist, war das Wirtshaus 17 Jahre geschlossen. „Das ist so, als wäre der Magdalensberg 17 Jahre zu", sagt Wallisch und stellt die Kaffeetassen auf den Tisch. Hierher geholt hat ihn Zdravko Haderlap, der Bruder der Dichterin Maja Haderlap, die mit ihrem Roman „Engel des Vergessens" den Menschen in den Gräben um Bad Eisenkappel/Železna Kapla einen Platz im öffentlichen Gedächtnis verschafft hat. Auf Fotos sind Zdravko Haderlap und Edi Wallisch beim Bogenschießen zu sehen. Der Alpengasthof wirbt mit einer hauseigenen Bogenschießanlage mit 3D-Tier-Parcours für Anfänger und Fortgeschrittene.

Am 25. April 1945, als Wien längst befreit war und in Torgau an der Elbe sowjetische und amerikanische Truppen zusammentrafen und damit ebenfalls ein klares Signal für das bevorstehende

Aber schön ist es hier

In den Gräben nahe Bad Eisenkappel/Železna Kapla kam der Krieg fast zu jedem Haus. Der Peršmanhof erinnert heute als Museum an ein Massaker.

USCHI LOIGGE (TEXT)
MARIJA KANIŽAJ (FOTOS)

Solange die Gräber nicht ausgehoben sind, markieren einfache Holzkreuze die Stelle.

Seit zehn Jahren nun schon werden die Toten nach und nach ausgegraben und wieder bestattet. Es sind vor allem katholische Pfarrer, die für die ausgegrabenen Nachkriegsopfer feierliche Neubegräbnisse organisieren und Gedenkstätten weihen – Akte, aus denen im polarisierten Klima Sloweniens immer politische Demonstrationen werden. Der Streit darum, wer die toten Feinde begräbt und wo, begleitet Europa seit seinen frühen Tagen, spätestens seit die Königstochter Antigone gegen den ausdrücklichen Befehl ihres herrschenden Onkels ihren Bruder, einen Landesverräter, betrauerte und bestattete. Über den Mythos streiten seit Jahrhunderten die Gelehrten. Beide hatten Recht, meinte Hegel, der deutsche Philosoph des frühen 19. Jahrhunderts: Antigone und Kreon, ihr königlicher Onkel. Sie vertritt das göttliche Recht, er das menschliche, das des Staates. Beide müssen zusammenkommen.

Im Schuppen hinter seinem Häuschen bastelt der Pensionist Martin Kostrevc schlichte Kreuze, streicht sie mit Holzschutzmittel an, kerbt die Worte „Für die Nachkriegsopfer" hinein und haut sie überall, wo ein Grab identifiziert wurde, in den Boden. Vielleicht ist es besser, die Toten bleiben noch dort liegen, bis Antigone und Kreon sie gemeinsam bestatten. Nur Martins Kreuze dürfen bis dahin nicht verwittern.

Auswahl und nutzte sie meistens auch. 1910, zu österreichischer Zeit, erklärten sich in Stadt und Landkreis Maribor 33 Prozent für deutschsprachig. Elf Jahre später, in Jugoslawien, waren es noch neun Prozent.

Als die Deutschen kamen und für die „eindeutschungsfähigen" Untersteirer den „Steirischen Heimatbund" schufen, kehrte sich das Verhältnis sogleich wieder um. Gleich nach dem Ende des Zweiten Weltkriegs wurden die „kulturbundovci", die sich unter den Nazis als Deutsche deklariert hatten, ob sie Deutsch oder Slowenisch sprachen, von den Partisanen in Sammellager gebracht. In den beiden größten, Sternthal (Stirnišče) beim heutigen Ort Kidričevo und Teharje (Tüchern) bei Celje, brachen Ruhr und Typhus aus. Die Bewacher waren mit der Verpflegung und Versorgung Tausender „Volksfeinde" überfordert. Etliche lebten auch ihren Sadismus an den Gefangenen aus. Die Essensrationen waren erbärmlich, die Todesrate war hoch.

Das ist alles schon lange öffentlich. Nur wer und warum einer da gefangen wurde und starb, bleibt umstritten. Ein slowenischer Forscher hat die Listen des jugoslawischen Geheimdienstes gefunden und veröffentlicht. Die „angesehenen Bürger", die in den Berichten vertriebener Deutscher nachts abgeholt wurden, erscheinen dort als „deutsche Sympathisantin", „verbissener Deutschtümler", „NSDAP-Mitglied", „Kulturbündler", „große Anhängerin des Nationalsozialismus", „Gestapo-Mitarbeiter".

nach einem weiteren Dekret von August 1945 auch die Staatsbürgerschaft verlieren.

Das Bild passte auf die Wojwodina und auf Slawonien, wo die Donauschwaben lebten, deren Vorfahren allesamt im 18. Jahrhundert aus deutschsprachigen Gegenden dorthin eingewandert waren. Auf Slowenien passte es nicht. Hier trennte die Sprache Klassen, nicht Völker. Seit Jahrhunderten war Deutsch die Sprache des Adels, des Bürgertums und später auch der Arbeiterschaft. Slowenisch war die Sprache der Bauern. Wer vom Land in die Stadt zog, nach Marburg, Cilli oder Pettau, wechselte die Sprache.

Auch als gegen Ende des 19. Jahrhunderts „Volkstumskämpfe" im Land die Atmosphäre vergifteten, betrachteten weder Deutsche noch Slowenen ihre anderssprachigen Nachbarn wirklich als Fremde. Noch für die Nazis waren die meisten steirischen Slowenen bloß „slawisierte" Germanen, die „wieder deutsch" gemacht werden sollten. Umgekehrt hielten nationale Slowenen ihre deutschsprachigen Mitbürger weniger für Deutsche, Nemci, als vielmehr für „Deutschtümler", Nemčurji: solche, die bloß so tun als ob. Wenn einer ein „Deutscher" war, hielt er leicht auch seine sämtlichen Landsleute für irregeleitete Deutsche mit einem eigentümlichen Dialekt, „Windische", und wer sich als Slowene fühlte, glaubte sich von lauter anderen Slowenen umgeben. Wer, wie die meisten Mariborer, zweisprachig war, hatte unter den Kategorien die freie

600-seitige Dokumentation über das „Schicksal der Deutschen in Jugoslawien" mit präzisen Schilderungen von Zeitzeugen und dem ehrlichen Versuch, belastbare Opferzahlen zu bekommen.

In Graz nahm sich die „Südmark" des Themas an, ein Verein, der schon zur Zeit der Monarchie die vorwiegend slowenischsprachige Untersteiermark für das Deutschtum hatte gewinnen wollen. Der Verein existiert bis heute, und der Krieg ist für ihn noch lange nicht vorbei. In Kampfschriften über den „Völkermord der Tito-Partisanen" wird der Eindruck erweckt, als seien 1944 plötzlich „Banditen" über ein friedlich vor sich hin lebendes deutsches Völkchen hergefallen. Die Truppen der mit der Wehrmacht verbündeten Ustascha-Armee, die planmäßig die Juden ausgerottet und Zehntausende Serben in Höhlen geworfen hatten, erscheinen dort als „volksbewusste Kroaten".

Selbst wer sich in Österreich oder Deutschland mit den Wertungen der Volkstumskämpfer nicht identifizieren mochte, teilte doch die Umrisse des Geschichtsbilds: Es gab in der Untersteiermark Slowenen und Deutsche. Im Krieg vertrieben Deutsche Slowenen. Nach dem Krieg war es umgekehrt. Die Nazis sahen es so, und auch die Kommunisten. Im November 1944, noch im Krieg, verordnete der „Antifaschistische Rat" unter Tito die Enteignung aller „Personen deutscher Volkszugehörigkeit", es sei denn, sie hatten auf der Seite der Partisanen gestanden. Wer sich „illoyal" zu Jugoslawien verhalten hatte, konnte

bor einen Bürgermeister Kangler und sogar die KP einen Volkshelden namens Bebler. Auf den Namen kommt es nicht an. Nicht mal auf die Sprache: Bei den Harings zu Hause in den „Windischen Büheln" wurde wie überall in der Nachbarschaft Slowenisch gesprochen; nur die Oma väterlicherseits konnte überhaupt Deutsch. „Was soll denn das sein, ein Deutscher?", fragt Tomaž Klipšteter, ein junger Journalist in Maribor, ein bisschen unwirsch, weil er ja schon ahnt, was in der Frage steckt. Tomaž spricht nahezu perfekt Deutsch; in seiner Familie ist die Kenntnis der Sprache nie verloren gegangen. „Deutsche" haben die Klipšteters deshalb aber nie sein wollen.

Von Veronika Haring kann man lernen: Deutsch ist man in Slowenien nicht qua Abstammung und auch nicht qua Muttersprache. Deutsch ist man in Slowenien, wenn man deutsch sein will. Veronika Haring will. Tomaž Klipšteters Eltern wollten nicht. Der Unterschied ist Politik. Natürlich kennt Frau Haring auch die Familie Klipšteter. „Klipšteter?", fragt Frau Haring. „Deutsch? Aber das sind doch Linke!"

Geschwiegen wurde von den Toten des ersten Nachkriegsjahres nur in Jugoslawien. In den zahlreichen Broschüren und Traktaten slowenischer, kroatischer, serbischer Emigranten und vertriebener „Volksdeutscher" in Europa, Australien, Südamerika waren sie über Jahrzehnte das Thema Nummer eins. In Deutschland veröffentlichte das Vertriebenenministerium 1961 eine

Das Pohorje, zu Deutsch der Bachern, bei Maribor ist heute ein beliebtes Ski- und Erholungsgebiet.

Um herauszufinden, warum die Zugehörigkeit zu diesem oder jenem Lager bis heute so wichtig ist, muss man vom Pohorje eine Viertelstunde über viele Serpentinen hinunter nach Maribor fahren, und auch dort sieht man es nicht auf den ersten Blick. Dass hier früher einmal vorwiegend Deutsch gesprochen wurde, ist nicht zu übersehen. Schon das Café auf dem zentralen Freiheitsplatz schmückt sich mit vergrößerten alten Postkarten-Ansichten aus „Marburg an der Drau". Gegenüber im Stadtmuseum sind die Handwerksfahnen und Urkunden aus österreichischer Zeit ausgestellt, alle in deutscher Sprache. Sogar der Name der Stadt ist ursprünglich deutsch, erläutert der Führer – im Gegensatz zu dem von Graz, das sich von Gradec herleitet, slowenisch für kleine Burg.

In der Barvarska ulica, der Färbergasse, lädt die Messingtafel eines „Kulturvereins deutschsprachiger Frauen" in ein schönes Bürgerhaus. In den hellen, großzügigen Räumen im ersten Stock empfängt den Gast eine wache Dame in den Sechzigern, die über die anhaltende Bedeutung der Gräber oben im Bacherngebirge einiges mitteilen kann. Wenigstens, wenn man ihr genau zuhört.

Veronika Haring ist eine Deutsche, sagt sie, und zwar seit sie vierzehn ist. Dass ihr Name deutsch klingt, ist dafür kein Grund. Slowenien hatte schon einen Präsidenten namens Türk und einen Außenminister namens Thaler, Ljubljana einen Erzbischof namens Šuštar (Schuster), Mari-

Sie sei „eine Deutsche", sagt Veronika Haring und irritiert damit ihre slowenischen Landsleute.

dert in Slowenien die Gretchenfrage. Sie scheidet die politischen Parteien in ideologische Lager, trennt Dorfgemeinschaften, Generationen und nicht selten Familien.

Für die einen, die Mehrheit, sind der Kampf und der Sieg der Partisanen eine Geschichte der nationalen Befreiung. Slowenen, ohnehin eine der kleinsten Nationen Europas, hatte es nach dem Willen Hitlers nicht mehr geben sollen. Was immer man Tito und den Kommunisten vorwerfen mag: Sie waren es, die an der Seite der großen Anti-Hitler-Koalition und mit Unterstützung der Briten Nazi-Deutschland erfolgreich die Stirn boten. Wer dagegen mit den Besatzern kollaborierte, war ein Verräter. Dass nach dem Krieg so viele von ihnen getötet wurden, war vielleicht bedauerlich, vielleicht notwendig, ändert aber nichts an der Gerechtigkeit der eigenen Sache.

Für die anderen dagegen war der Zweite Weltkrieg in Slowenien in Wirklichkeit ein Bürgerkrieg gegen den Stalinismus. Dass eine slowenische „Heimwehr" für ihren Kampf gegen die „Tito-Partisanen" die Unterstützung der deutschen Besatzer hatte, gilt ihnen als tragischer Umstand: Wäre es möglich gewesen, hätten die bürgerlichen Slowenen lieber mit den Westmächten paktiert. Wie man es mit dem Zweiten Weltkrieg hält, ist die Gretchenfrage sogar oft in wörtlichem Sinne: Wie hältst du's mit der Religion? Die katholische Kirche stand und steht fest im zweiten Lager.

den anderen Hinweis. „Hier liegen welche, und dort, wo früher die Wiese war."

Jeder in Slowenien konnte damals die Geschichte des Zweiten Weltkriegs hersagen und die „proletarischen Brigaden" aufzählen, die das Land von der deutschen Besatzung befreit hatten. Am 6. April 1941 hatte Hitlers Wehrmacht Jugoslawien überfallen. Slowenien, der nordwestliche Landesteil, wurde aufgeteilt. Die Untersteiermark rund um Maribor, Celje und Ptuj kam zum Deutschen Reich, ebenso Gorenjska, zu Deutsch Oberkrain. Aus Dolenjska, Unterkrain, wurde die italienische „Provincia di Lubiana", und das Gebiet links der Mur rund um Murska Sobota fiel an Ungarn.

Hitler befahl seinem Gauleiter, die Untersteiermark „wieder deutsch" zu machen. Die Bewohner wurden in vier Kategorien aufgeteilt: „Volksdeutsche", „Eindeutschungsfähige", „slowenisierte Windische" und „Nationalslowenen". Die beiden Letzteren wurden vertrieben. Wer sich „rassisch" eignete und den Nazis treu diente, konnte es bis zum „Reichsbürger" bringen. Schon nach Wochen regte sich organisierter Widerstand. Binnen eines Jahres entstand eine effiziente Partisanentruppe, geführt von den Kommunisten, unterstützt aber von vielen empörten Slowenen. Als die Wehrmacht kapitulierte, übernahmen die Partisanen die Macht.

Wie man das Geschehen von damals zu deuten hat, ist seit nun schon einem Vierteljahrhun-

Martin Kostrevc (links) zimmert einfache Holzkreuze, um die anonymen Grabstellen zu markieren.

sie. Irgendwann werden sie eröffnet werden. In dem einen, wo das schon geschehen ist, fanden sich 198 Skelette.

Dass die Tafel wenig gelesen wird und die Grabstellen meistens unbemerkt bleiben, ficht Martin Kostrevc nicht weiter an. Der kleine, drahtige Mann mit dem weißen Bart fährt selbst gern Ski und macht nicht eben den Eindruck, als würde er dabei ständig versonnen in die Landschaft schauen. Missionar will der frühere Maschinenbautechniker keiner sein. Aber dass Bäume etwas zu erzählen haben und Skipisten bisweilen über Leichenberge führen können, ist Kostrevc seit seiner Kindheit bewusst gewesen. Damals zog eine Kolonne zerlumpter, verängstigter Gestalten über die Landstraße seines Heimatdorfes Kungota zur österreichischen Grenze. „Eine Frau hat von ihrem toten Kind erzählt", erinnert er sich. „Einem fehlte ein Arm, und er hat geblutet." Was aus den Leuten geworden ist, hat der damals Zwölfjährige nicht erfahren. Aber die Frage hat ihn nicht losgelassen.

Als Martin Kostrevc heranwuchs, sprach man über diese Leute nicht, auch zu Hause nicht: Der Vater war in der Partei. Später dann, als er auf dem Pohorje seine Vikendica baute, versuchte Kostrevc, mit seinen Nachbarn auf dem Berg darüber zu reden, was da so alles im Wald lag. Aber die Bauern wollten nichts erzählen. „Sie verstehen bis heute nicht, was ich will", sagt er. Immerhin gaben sie ihm über die Jahre den einen oder

sachlichen oder gar kritischen. Gleich nach dem Ende des Zweiten Weltkriegs am 8. Mai 1945 und noch bis ins Jahr 1946 töteten Einheiten der jugoslawischen Partisanen Zehntausende Landsleute und verscharrten sie in Massengräbern, in Höhlen und oft im Wald. Den größten Anteil der Opfer stellten gefangene und entwaffnete Soldaten der kroatischen Ustascha-Armee, gefolgt von anderen Milizen, die an der Seite der deutschen Besatzungstruppen gekämpft hatten: den slowenischen „Domobranzen" und den serbischen „Tschetniks".

Hinzu kamen slowenische und „volksdeutsche" Kollaborateure, neben tatsächlichen auch vermeintliche, die auf eine Anzeige hin von einem „Ehrengericht" zum Tode verurteilt worden waren. Auf dem Gebiet des heute unabhängigen Sloweniens, wo die weitaus meisten Leichen liegen, öffnet eine Regierungskommission seit 2005 Gräber, identifiziert Opfer und dokumentiert ihre Funde.

Von Sveti Areh, dem Heinrichskirchlein, sanft abwärts hinunter zur Marburger Hütte zieht heute eine breite Langlaufloipe über den Pohorje, wie das Gebirge auf Slowenisch heißt. Skifahrer, die gerade ein bisschen Schwung haben und ihren Blick schweifen lassen können, entdecken manchmal links zwischen den Bäumen ein Kreuz oder auch ein grobes Holzgatter von drei, vier Metern Kantenlänge. „Es schaut aber selten jemand hin", sagt Martin Kostrevc. Das gilt auch für die Info-Tafel, die inzwischen dort steht. Die Kreuze markieren Grabstätten, die Gatter umgrenzen

Sveti Areh im Pohorje-Gebirge: Nahe der Heinrichkirche aus dem 15. Jahrhundert liegen wahrscheinlich Tausende Nachkriegsopfer begraben.

Es war irgendwann Ende der Sechzigerjahre, vor fast einem halben Jahrhundert also. Martin Kostrevc, damals Mitte dreißig, baute sich gerade mit seiner Frau zusammen sein Wochenendhäuschen, die „Vikendica", wie das kleine Glück des jugoslawischen Proletariers genannt wurde. Eines Tages ging Martin allein im Wald spazieren, hoch oben im Bacherngebirge, nahe dem altehrwürdigen Heinrichskirchlein, da war es ihm, sagt er, „als wollten mir die Bäume eine Geschichte erzählen".

Dass Bäume Geschichten erzählen, klingt heute vielleicht nach Rosamunde Pilcher. Martin Kostrevc aber ist jedem Kitsch abhold. Wie er es ausdrückt, fühlten viele Zeitgenossen in den Nachkriegsjahren. Jedes Idyll, auch ein natürliches, war verdächtig. Für den Dichter Bert Brecht war sogar *ein Gespräch über Bäume fast ein Verbrechen, weil es ein Schweigen über so viele Untaten einschließt.* Als Kind der skeptischen ersten Nachkriegsgeneration zählt und misst Martin lieber, statt zu schwadronieren, redet knapp, präzise und schnörkellos – über seine Funde im Wald genauso wie über die fortschreitende Krankheit seiner Frau, mit der er inzwischen auch das ganze Jahr über in der sorgsam gezimmerten und peinlich aufgeräumten Vikendica von damals lebt.

Die Geschichte, von der damals nur die Bäume erzählten, existiert inzwischen in unzähligen Versionen – üppigen, dramatischen, pompösen, auch in frivolen, verlogenen. Nur kaum in einer

Antigone auf dem Bachern

Neben Skipisten und Wanderwegen des idyllischen Bachern/Pohorje liegen in Massengräbern noch immer Tausende Opfer der Partisanen.

NORBERT MAPPES-NIEDIEK (TEXT)
MARIJA KANIŽAJ (FOTOS)

jenem geschichtsträchtigen Gebäude, in dem am 8. Mai 1945 jener deutsche General unter dem leisen gespenstischen Surren der Schmalfilmkamera neben den säuberlich übereinandergelegten Lederhandschuhen die Kapitulation unterschrieb.

Manos fiebert erwartungsfroh und weiß schon, wie sein Club heißen wird: L. O. S. Der Name prangt bereits in großen Lettern an der Front des Hauses, L für Lobster, O für Austern und S für Sushi. Die Besitzer der Jachten, die allabendlich im Hafen anlegen, mögen daran Gefallen finden, aber Sotiris wird diese Welt nie betreten. Mit seiner knarrenden Honda, Baujahr '95, rattert er an den Austern vorbei heim nach Chorio, hinauf ins alte Dorf. Er winkt und verschwindet hinter einer schwarzblauen Abgaswolke.

Der Humor und sein Akkordeon, ohne die beiden hätte er nicht überlebt, sagt er und steckt seine Davidoff-Schachtel ein. Er müsse gehen. Die Medikamente würden warten und bestimmt schon ungehalten sein, wohl auch die Enkelkinder. Ihnen wünsche er, dass sie das, was er gesehen und erlitten habe, nie erleben mögen, vor allem nicht die Hungersnot und was der Krieg aus den Menschen gemacht habe, auch aus den Opfern. Zwei junge einheimische Frauen hatten den Besatzern als Dirne gedient. Als sie zurückkehrten, trommelte man alle, die überlebt hatten, auf dem Platz bei der Brücke im Hafen zusammen. Dann schor man den Geächteten unter den Augen der Mitbewohner das Haar und schrieb ihnen mit schwarzer Kreide zwei griechische Anfangsbuchstaben auf die Stirn, einen für das Wort „Hure" und einen zweiten für „Verräterin". Die Gebrandmarkten zerbrachen in der Folge an Schuld und Scham und verschwanden für immer von der Insel.

Sotiris steht auf und zieht seine Haube tief über den Kopf und die kaputten Ohren. Es ist spät geworden. Im nahen Fischlokal an der Wallstreet sitzt Manos mit seinen beiden Söhnen über vollgekritzelten Blättern und heckt die Preise und Menüs für seinen neuen Gourmettempel aus. Er liegt an der Uferpromenade nahe dem Glockenturm bei der Hafenpolizei, wo syrische Flüchtlinge auf dem Balkon stumm und apathisch auf die Weiterfahrt nach Athen warten. Der neue Schuppen befindet sich ein paar Häuser davor, in

*Wirt Manos, Drachme-Nostalgiker, mit seinen Söhnen:
„Dann werden wir halt alle wieder Ziegenbauern."*

Reste, umrankt von Kiefern und Zypressen. Hier stand bis 1944 eine Marienkirche, unter der die Besatzer 25 Tonnen Munition und Sprengstoff horteten. „Die Deutschen auf Symi waren durch den Rückzug auf dem Balkan abgeschnitten. Am Ende wirkten sie „wie Ratten, die in eine Falle geraten waren, und nicht wie Eroberer", notierte ein englischer Kriegsberichterstatter. Als die Deutschen Ende 1944 den Briten weichen und abziehen mussten, flogen sie mit den Stukas ein letztes Mal in abgründiger Rachsucht über die Burg, verabschiedeten sich mit einem infernalischen Gruß und verwandelten den Berg und den Hafen in einen einzigen, alles verschlingenden Feuerball. Zuvor erschossen sie noch als Lebewohl zwei Inselbewohner, die ihnen als heimliche Informanten gedient hatten. Man liebe den Verrat, aber verachte die Verräter.

Der junge Sotiris rannte um sein Leben, vorbei an der mitbombardierten Station des Roten Kreuzes, wo man mit einer Holzsäge und Haushaltsschere Arme und Beine amputierte, und fand Zuflucht in einem der Bunker. In diesem apokalyptischen Moment, so dachte er, muss sich die Sonne vom Himmel gelöst und mit monströser Wucht in den Inselkörper gebohrt haben. „Symi war nur noch eine schwarze Wolke aus Feuer, Rauch und Ruß. Atmen ging nicht mehr. Wie ein Barbecue zum Ende der Menschheit." Sotiris lacht über seinen Vergleich, so herzhaft und befreit, dass seine Goldzähne zum Vorschein kommen.

gen und durch Nachbauten vergessen zu machen. Die Grundstückspreise sind sündhaft teuer und für Einheimische unerschwinglich. So bleiben als Käufer hauptsächlich Engländer und Deutsche, Kinder und Kindeskinder der Kriegsgeneration. Sie profitieren beim Kauf vom desolaten Zustand der Objekte, Paradoxien, mit denen die Bewohner leben müssen.

Die Holzbalken der Fenster faulten zuallererst heraus. Die quaderförmigen Löcher geben den Blick frei auf das darunterliegende, prachtvolle Panorama des wiedererrichteten, denkmalgeschützten Hafens. Aus den Ruinen wachsen Feigenbäume. Äste ragen aus Fensterlöchern. Aus dem Gestrüpp des Inneren dringen Vogelgezwitscher und das Krähen von Hähnen, das die Stille des Nachmittags durchschneidet und wie ein endloses, trostloses Klagelied tönt. Auf einigen der Ruinen haben Immobilienhändler mit Farbe oder Kreide die Einladung „for sale" angebracht.

Wer sich dem Bergkamm nähert, sieht hinüber auf die Phalanx der steinernen Windmühlen, wo einst Getreide aus Kleinasien gemahlen wurde. Sie waren das Wahrzeichen der Insel und dann, nach dem Bombenhagel, nur noch ein bröckelnder Torso, der aus der Ferne aussieht wie eine abgebrochene Zahnreihe.

Nach einer knappen Stunde Gehzeit erreicht der Wanderer den höchsten, spektakulärsten Aussichtspunkt, die Burg und ihre moosigen

Hier stand eine Marienkirche, die die Deutschen beim Rückzug in die Luft jagten. Die Inselbewohner bauten an der Stelle später ein neues Gotteshaus. Als Glocke dient eine abgesägte, entschärfte Bombe.

Das Kloster Panormitis mit seinem pseudobarocken Zuckerbäcker-Kirchturm zählt heute zu den beliebtesten Wallfahrtsorten der Ägäis. Tausende Touristen machen hier im Sommer, mit der Fähre von Rhodos kommend, halt und erfahren Wissenswertes über den Erzengel Michael, den Patron der Seefahrer, auch an diesem sonnenklaren Frühlingsnachmittag. Vom Verbrechen vor siebzig Jahren erzählen die Führer den an Land gegangenen Teilnehmern der „Seniorenreisen", zur Gänze Österreicher, nichts. Auch zum nahegelegenen Mahnmal, das die Exekution in einer reliefartigen Abbildung wiedergibt, wollen sich die griechischen Reiseleiter nicht äußern. Verlegen blicken sie einander an und sehen sich außerstande, der wiederholten Bitte um Übersetzung der griechischen Inschrift nachzukommen. Die Begegnung mit der faschistischen Besetzung der Insel steht nicht auf der Agenda. Man möchte die Urlaubenden, zumal die Deutsch sprechenden, nicht unnötig belasten. Scham schadet dem Geschäft.

Wer nach den Wunden der Vergangenheit sucht, findet sie auf der Kali Strata. So heißt der Weg, der vom Hafen in 350 dunkelblau gestrichenen Stufen hinauf nach Chorio, ins alte Dorf, und von dort weiter auf die mittelalterliche Ritterburg der Johanniter führt. Hier stößt man zu beiden Seiten auf zerbombte, niedergebrannte Häuser, von denen nur noch Stümpfe, Rümpfe oder brüchige Pfeiler zu sehen sind. Siebzig Jahre haben nicht ausgereicht, alle Wunden zu beseiti-

Nie vergessen werde er, wie einmal aus einem undichten Sack, der für die Machthaber auf die Anhöhe geschleppt wurde, eine Kartoffel auf die Uferstraße kollerte und Dutzende unter Todesgefahr ins Meer sprangen, um nach ihr zu tauchen. Einmal habe er in Verzweiflung Weizenkörner, die beim Transport verloren gegangen sein mussten, von der Straße aufgeleckt und sei dabei von einem italienischen Besatzer ertappt worden. Dieser habe ihn zur Strafe halb bewusstlos geschlagen und habe nicht abgelassen von ihm, als ein vorbeikommender Wehrmachtssoldat dem jungen Sotiris das Leben rettete. Er habe aus der Brieftasche dem italienischen Kollegen ein Foto seiner Familie vor das Gesicht gehalten und wie von Sinnen gebrüllt: „Das sind meine Kinder, die sind gleich alt wie der auf dem Boden!" Dann habe er auf den Italiener eingeschlagen, so oft und so lange, bis dieser leblos auf der Straße liegen geblieben sei.

Es sind Episoden, kleine, irrwitzige Atempausen des Abgründigen, für das Ganze standen sie nicht. Als die deutschen Befehlshaber herausfinden, dass das Kloster Panormitis in einer Mönchszelle einen geheimen Sender mit Funkverbindung zu den Partisanen und Engländern beherbergt, lassen sie die drei mutmaßlichen Kollaborateure, darunter den Abt, in einer kleinen Kapelle in den Kieferwäldern des Bergkamms hinrichten. Anschließend werfen die Soldaten Handgranaten auf die Kirche, bis von ihr und den Opfern nichts mehr zu sehen ist.

hatte Glück als Mädchen. In der felsigen Bucht Marathounta, heute ein Geheimtipp für Segnungen von Hochzeitspaaren wie für Badeurlauber, fand sie mit ihrer Familie Zuflucht in einer Höhle und harrte dort vier Monate lang aus. Im Dunkel der Nacht trieb man Tauschhandel mit Bauern aus der Umgebung. So sicherte man das Überleben, aber die Angst kroch nie mehr aus den Knochen. Noch Jahre nach dem Krieg, erzählt Katina, habe sie nur mit einem langen Messer unter dem Polster zu Bett gehen können.

Dreizehn Tage lang dauerte die wechselseitige Bombardierung der Insel in jenem Herbst des Jahres 1944, nachdem zuvor englischen Truppen, unterstützt durch griechische Spezialeinheiten, im Morgengrauen ein Überraschungsangriff auf die deutsche Garnison geglückt war. „Am schlimmsten war die Hungersnot", erinnert sich Sotiris. Fischen war verboten und stand unter Todesstrafe, alle heimischen Boote waren entweder zerstört oder beschlagnahmt worden. Nichts fürchtete das Besatzungsregime mehr als Kontakte der Griechen zu Widerstandskämpfern, die sich auf den vorgelagerten Inseln der nahen, nur wenige Kilometer entfernten türkischen Küste versteckt hatten. So drückend war der Hunger, dass man begann, sich von Gras zu ernähren, von Kakteen und der milchartigen, toxischen Substanz unreifer Feigen. Kinder und Babys seien daran gestorben, berichtet der Pensionist, unter ihnen ein Bruder und eine Schwester. „Wir ernährten uns wie Tiere."

*Die Angst kroch nie mehr aus den Knochen:
Katina, 82, die sich als Mädchen monatelang in
einer Höhle versteckte und so überlebte.*

während der Fußballübertragungen die Nachrichten, schalte er verdrossen ab. So hielten es viele. Vor Kurzem habe die Regierung die Pensionen von 600 auf 400 Euro heruntergestrichen. „Früher konnte man sich von dem Geld einen morgendlichen Besuch im Kafenion gönnen, und ab und zu steckte man den Enkelkindern ein paar Münzen zu. Jetzt reicht es weder für das eine noch für das andere. „Sie haben uns unser kleines Glück geraubt", klagt Michaelis. Den Einwand, dass bei einer Rückkehr zur alten Währung und zum alten Glück das teuer von außen zugekaufte Leben unerschwinglich wäre, lässt Broker Manos nicht gelten. „Dann werden wir halt alle wieder Bauern und leben von der Sonne und unseren Ziegen. Was brauchen wir von der Welt, wenn sie uns nicht will?" Der fragende Blick des Gastes hinüber zum Arsenal an iPads und Smartphones im Open Office von Manos irritiert den Grollenden nicht. „Fuck Apple", donnert er und verschwindet drahtlos in der Küche.

Sie begannen unten im Hafen, bei den alliierten Marineschiffen, und bombten sich systematisch nach oben. Die Bewohner, erzählt Sotiris, hätten das Ordnungsmuster der Verheerung rasch erkannt. Ertönten von der alten Ritterburg die Sirenen, rannten die Menschen, die Alten wie die Jungen, in Todesangst den Berg hinauf, in Richtung der schützenden Wälder und vorbei an verbrannten Leichen. So erzählt es die 82-jährige Katina Tsattaliou, während sie in einem Eissalon den Wollfaden um die Stricknadel wickelt. Sie

dampfend heiß hervorquellen wie isländische Geysire.

Eine unablässig brodelnde Quelle ist auch Manos. Der geschäftstüchtige Wirt mit der roten Schürze führt das gleichnamige Fischlokal am Hafen. Der Tisch mit dem iMac ist sein Regierungssitz. Hier, inmitten der Gäste, schaltet und waltet er mit der fiebrigen Hektik eines Wallstreet-Brokers. Wenn er mit seinen Lieferanten verhandelt, kommt es vor, dass er, die Uferpromenade gestikulierend auf und ab schreitend, zwei Smartphones gleichzeitig an sein Ohr drückt, ein Kammerstück, das vor allem betuchte Türken mit ihren millionenschweren Jachten in Scharen anlockt. Sie zahlen gern hier und lassen, ein alberner Brauch, für einen Euro fünfzig pro Stück die Essteller zu Dutzenden in Brüche gehen, nach Symi-Shrimps und Hummer. Manos' Preise sind stolz und gefürchtet. Sie verleiten mitunter zur Mutmaßung, er lasse die seinerzeit unterbliebenen Reparationszahlungen für all die Zerstörung auf der Insel heimlich in die Rechnung miteinfließen, als listigen Ablasshandel und spätes Sühne-Offert an die deutschen und italienischen Nachkommen, die in den Reiseführern nichts erfahren über den Krieg auf Symi.

„Der Euro stürzt Griechenland ins Verderben", zürnt Manos und zieht seine Verkabelung aus den Ohren, „er macht uns abhängig und unfrei." Nur mit der Rückkehr zur Drachme könne sich Griechenland aus der Krise befreien. Sein Kollege Michaelis teilt die Sicht. Kommen im Fernsehen

„Wer konnte, rannte hinauf in den schützenden Wald, vorbei an den Leichen": Zerbombte Wohnhäuser hinter der Hafenfassade.

Drachme fürchte er sich nicht, sagt Lefteris. „Fürchten sich die Dänen, die Engländer oder die Türken?" Nur Giorgio, der italienischstämmige Besitzer des Hotels Aliki, widerspricht: „Es wäre der Wechselkurs ins Mittelalter."

Eine Reizbarkeit gegen deutschen Hochmut verspürt auch Michaelis. Hoch über dem Hafen betreibt er die Taverne „Haritomeni", gemeinsam mit seiner Mutter Katholiki, die nach dem Krieg als Flüchtlingskind aus dem Auffanglager in Palästina in das zerbombte Symi zurückkehrte. Plastikplanen schützen die Terrasse gegen den kühlen Meereswind. Michaelis ist in Fahrt und erzählt in einer szenischen Nachstellung von der turbulenten Begegnung mit einer Gruppe deutscher Segler. Sie aß laut und sprach dem Hauswein zu. Als es ans Zahlen ging und Michaelis den Kassazettel auf den Tisch legte, gab die Runde dem Hausherrn zu verstehen, er möge bitte eine den Vorschriften gemäße Rechnung vorlegen, die Deutschen hätten es nämlich satt, für die „Betrügereien geradestehen zu müssen". Das war dem friedfertigen, schnauzbärtigen Wirt dann doch zu viel. Mit einem Donnerschlag, so dröhnend, als hätte ihn Gottvater Zeus geschickt, beförderte er die Urlauber einzeln aus der Taverne. Der Colt der antideutschen Empfindlichkeit, er sitzt locker in diesen Tagen am südöstlichen Rand des Kontinents. Kleine Reizungen reichen aus, um ihn zu entsichern. Es sind die Tiefenströmungen geschichtlicher Erfahrung, die, vermengt mit den Verwerfungen der Gegenwart,

Symi, Rhodos oder Kreta würden sich wie jedes Jahr vor dem Denkmal am Hafen einfinden, dort, wo die schlanke, hohe Säule mit der Friedenstaube steht, und würden den Liedern der Schulkinder lauschen, das ja, mehr nicht.

Lefteris macht nicht die EU oder die Deutschen für die Misere des Landes verantwortlich. Die eigenen Regierungen hätten viele Fehler begangen, und die Bürger hätten den Fehler gemacht, sie zu wählen. Was ihn jedoch ärgere, ihn und andere auf der Insel: dass ausgerechnet Deutschland die Speerspitze gegen Griechen bilde und so tue, „als seien wir alle Halunken und Betrüger". Dann erzählt Lefteris von der millionenteuren Entsalzungsanlage, die eine deutsche Firma auf der genetisch wasserarmen Insel errichtet habe, versorgt mit Windenergie. Kurz nach der Fertigstellung nahm das ökologische Superding irreparabel Schaden und brannte aus, zum Entsetzen der Inselbewohner. Die Herstellerfirma fühlt sich nicht zuständig. Es droht ein Gerichtsstreit, der das belastete Verhältnis zu den Deutschen zusätzlich vergiftet. „Die Mafia sitzt in München, nicht in Sizilien", poltert der Bürgermeister, und schon ist er, noch immer mit der griechischen Flagge in der Hand, bei den Bestechungsgeldern eines großen deutschen Elektronikkonzerns, der in der Vergangenheit systematisch griechische Beamte und Politiker geschmiert habe. „Und da will uns Herr Schäuble Vorträge über Moral halten?" Der Euro sei die Währung der Banken, vor einer Rückkehr zur

Lefteris Papakalodoukas, Symis Bürgermeister, hat einen schlechten Tag. Er bittet um Nachsicht. An den Wänden des dunkel getäfelten Büros hängen Ikonenmalereien und ein großes, gerahmtes Schwarz-Weiß-Foto. Es zeigt den deutschen General Wagener bei der Unterzeichnung der Kapitulation, flankiert von britischen Offizieren. Das Bild, auch eine Art Ikone: Symi, 8. Mai 1945. Die Lederhandschuhe liegen neben dem Schriftstück. Im Hintergrund ist eine Schmalfilmkamera zu sehen. Ihr Surren sei das einzige wahrnehmbare Geräusch im Raum gewesen, gaben Zeugen später zu Protokoll, sonst habe im Raum gespenstische Stille geherrscht. In der Nähe des historischen Fotos hängen Auszeichnungen verstorbener griechischer Widerstandskämpfer durch die britische Armee. Auf dem Balkon weht die blau-weiße Fahne. Lefteris steht neben ihr und hält sie fest, damit sie auf dem Bild gut sichtbar ist. Soeben hat ihn ein Schreiben aus Athen erreicht. Die Regierung weist darin alle Gemeinden an, sämtliche verfügbaren Finanzmittel an den siechen Staat abzuliefern. „Ich darf niemanden mehr anstellen und kann nichts mehr bezahlen. Was sollen wir jetzt bitte tun?"

Lefteris zürnt. Nein, es werde keine besonderen Erinnerungsfeiern zur 70. Wiederkehr der Kapitulation und der Übergabe der Dodekanes-Inseln an die Engländer geben, „wir können uns keine Feiern leisten. Wir können niemanden einladen." Die wenigen noch lebenden Veteranen aus

Bürgermeister Lofteris. „Ich darf niemanden mehr anstellen und kann nichts mehr bezahlen. Wir können uns keine Gedenkfeiern leisten."

Zerstörter Hafen von Symi, 1945: 20.000 Bewohner zählte die Insel in den Zwanzigerjahren, zu Zeiten der Schwammtaucher. Nach dem Krieg waren es nur noch knapp über zweitausend, so viele wie heute.

ferner Ort beider Träume, zuerst des einen, dann des anderen. Und in den letzten beiden Kriegsjahren, als die Deutschen den unterlegenen Italienern mit Fallschirmjägern gegen die Briten und Griechen zu Hilfe geeilt waren, um die Südostflanke abzusichern, da träumten sie zeitgleich auf Symi, römisch und tausendjährig.

Als der junge Sotiris noch hören konnte und der Stummfilm noch nicht begann, vermochte er von Weitem genau zu erahnen, wer im Nahkampf und im Labyrinth der engen, weiß gekalkten Gassen gerade träumte, Schwarz oder Braun, hörbar an der Rhythmik des Schrittes und am Klang der Stiefelabsätze. Die Schulen blieben geschlossen in jenen Jahren, aber diese Sinnesschärfung lernten die Jungen im Selbstunterricht. Mehr als 20.000 Bewohner zählte Symi in den Zwanzigerjahren, nach dem Krieg waren es zweitausend, die geblieben waren oder überlebt hatten. Wer es schaffte, rechtzeitig in den wenigen, nicht zerstörten Fischerbooten im Schutz der Dunkelheit die Insel zu verlassen, flüchtete über die nahe Türkei nach Palästina und begann später in Kanada oder Australien entwurzelt ein neues Leben. Die meisten wussten, dass es Dornröschen nicht mehr gab, dass das, was war, durch nichts mehr wachgeküsst werden könne, und dass sie ihre Häuser und alles, was sie damit verbanden, in den rußschwarzen Ruinen nie mehr wiederfinden würden.

Ruine mit Meeresblick: ein von Nazi-Brandbomben vernichtetes Wohnhaus, das auf Käufer wartet, auch auf deutsche.

Ägäis. Das schätzten die osmanischen Herrscher, die das Eiland bis Anfang des letzten Jahrhunderts befehligten. Sie räumten der Insel Sonderrechte ein und setzten die flinken Boote als amtliche Postschiffe für das Mittelmeer ein. Für die Zimmerer auf Symi glich es einer Krönung. Die Inselbewohner verehrten sie wie Helden.

Die Helden, die später, in den Zwanziger- und Dreißigerjahren, kamen, trugen baseballähnliche Schlaginstrumente und schwarze Hemden. Sie zwangen die Einheimischen, wie Italiener zu sprechen und wie Italiener zu leben und alles Hellenische abzustreifen. „Wie echte Italiener ohne die Rechte echter Italiener", erinnert sich Sotiris. Das hineingeprügelte Italienisch ist ihm und seinesgleichen geblieben, dazu die Erinnerung an Gewalt und Drangsal. „Das Bedrückendste für uns Buben waren die schwarzen Schulhemden. Nie haben griechische Kinder jemals schwarze Schulhemden tragen müssen."

Im Hafencafé klopfen die Altvorderen in die Vormittagsruhe hinein versonnen mit den Nägeln auf die Marmorplatten des Tisches und sind sich uneins, wer sich in jenen finsteren Jahren des faschistischen Jochs barbarischer und entmenschter gebärdete, die italienischen Besatzer des Duce oder die deutschen der Nazis. Die einen träumten brandschatzend und mordend vom Römischen Reich, die anderen vom Tausendjährigen, und Symi, die kleine Insel der Schwammtaucher und Schiffsbauer, war ein

den Marmortisch ab und genießen das Untersichsein. Sie besprechen den neuesten Tratsch und ereifern sich über die Politik, die griechische wie die europäische. Eine Zeitung benötigt Symi nicht, das Kafenion ist der Morgenbote. Die Männer brechen auf, wenn die Fähren aus Rhodos hupend um den Leuchtturm biegen und die Tagesgäste aus dem Bauch freigeben, jeden Tag um zehn wiederholt sich das Ritual von Neuem.

Dann verändert sich der Aggregatzustand der Insel im Nu, und seine Einwohnerzahl verdoppelt sich für Stunden. Ein bunter, etwas kindlich geratener Bummelzug befördert die Urlauber in gemächlichem Tempo vom einen Ende des Hufeisens zum gegenüberliegenden. Zufällig oder nicht macht er halt an lausigen Provisions-Tavernen mit den importierten Nordseefischen oder an Verkaufsständen, die minderwertige, hell gefärbte Badeschwämme feilbieten. Sie vermarkten mit Importware die große Tradition der Schwammtaucher, die in ihren heroischen Astronautenhelmen in die Tiefe glitten und Symi berühmt und vermögend machten, seinerzeit, bis synthetische Erzeugnisse und der Krieg der Ära ein Ende setzten.

In alteingesessenen Lokalen wie der Taverna Meraklis an den Kreuzungen der engen Gassen halten Schwarz-Weiß-Fotos die ehrende Erinnerung an die Schwammfischer wach. Sie und die Segelschiffbauer, sie waren Symis großer Stolz. Die Männer zimmerten die schnellsten Boote der

*Sotiris Stefanou, der 86-jährige Maurer und Akkordeonspieler:
„Am schlimmsten waren für uns Buben die schwarzen Hemden. Nie
zuvor mussten griechische Kinder schwarze Schulhemden tragen."*

Blut aus den Ohren. Die Angriffe der deutschen und britischen Kampfbomber am Ende des Krieges erlebte Sotiris dann nur mehr als Stummfilm.

Es ist Frühling auf Symi. Die warme Vormittagssonne fällt schräg auf die pastellgelben und indigofarbenen Villen, die sich beidseitig der Hafenpromenade wie ein Amphitheater an die Hänge schmiegen. Sie bringen die Häuser mit ihren typischen neoklassizistischen Giebeln zum Leuchten, so betörend schön wie sonst nirgendwo in der weiten Ägäis. Die Segler wissen es. Symi ist ihr Arkadien. Auf den Bergen duften Thymian, Salbei und Oregano. Aus felsigen Ritzen ragt ein Blütenteppich gelber Margeriten. Unten am Hafen, den sie Yialos nennen, pinseln Tavernenbesitzer Gestühl und Tische; das Salz des Winters hat ihnen zugesetzt. Ausflugsboote erhalten einen frischen Anstrich, ehe sie vom Stapel gelassen werden.

Sie werden ab Mai die Touristen zu den versteckten Buchten bringen, die wie Fjorde tief in das Inselinnere schneiden und von der Fähre aus kaum zu erkennen sind. Symi ist Dornröschen. Die Dornenhecke, die im Märchen das verwunschene Schloss umhüllt, ist hier schroffes, zerklüftetes Gebirge. Die Insel ist abweisend nach außen und eine Schönheitskönigin nach innen.

Am frühen Morgen sitzen die Männer in Pacho's Kafenion am Hafen, legen ihr Weißbrot, das sie nach Hause bringen sollen, auf dem run-

Symi, die stille, anmutige Zwillingsschwester von Rhodos: Die Wunden des Krieges verbergen sich hinter einer pastellfarbenen, betörend schönen Hafenkulisse.

Noch nie zuvor hatte der 14-jährige Sotiris ein Flugzeug gesehen. Gespannt lauschte er am Hafen, wie es mit zunehmender Lautstärke näher und näher kam, bald schon würde es über den hohen Bergkamm donnern und zu sehen sein. Er freute sich auf den großen Moment, so wie sich Buben freuen, wenn sie zum ersten Mal vor einer Eisenbahn stehen, einem Rennauto oder eben einem echten Flugzeug. Dann könne er sich an nichts mehr erinnern, erzählt Sotiris und zieht an seiner Davidoff-Zigarette. Eine Haube wärmt den Kopf des 86-Jährigen und schützt die schwer geschädigten Ohren, hinter denen ein sichelförmiges Hörgerät zu sehen ist. Alles, was er noch wisse, erzählt der Veteran, sei der Anblick der dröhnenden Propellermaschine mit dem ockerfarbenen Tarnanstrich und den komischen gekreuzten Haken auf der Heckflosse gewesen. Im senkrechten Tiefflug schoss sie an jenem Tag, einem Sonntag des Jahres 1944, auf die kleine, verträumte Hafenstadt herab und sei immer größer und größer geworden. Mit seinen riesigen Maurer-Händen, die ein halbes Jahrhundert lang aufgebaut haben, was damals in Schutt und Asche gelegt worden war, zeichnet Sotiris die Fluglinie nach, ein großes, mächtiges, langgezogenes U. Ein fürchterlicher Einschlag sei ihm im Gedächtnis geblieben, hier, gleich hinter der Uferpromenade, eine Detonation, ohne zu wissen, was das sei, so laut, wie er das noch nie erlebt habe, lauter als die Schreie der Menschen. Der 14-Jährige verlor das Bewusstsein und später für Jahre das Gehör. Als er zu sich kam, floss

Dornröschens schwarzes Hemd

Die verträumte griechische Insel Symi in Rufweite zur Türkei ist die Schönheitskönigin der Ägäis. Doch die Wunden der faschistischen Herrschaft vor 70 Jahren sind noch nicht vernarbt. Konfliktreich vermengen sie sich mit den Kerben der politischen Gegenwart.

HUBERT PATTERER (TEXT UND FOTOS)

der Frage, ob es sich bei dem Gebäude und seinem berühmten Keller um ein historisches Denkmal handle oder nicht. Nach dem Ende der Sowjetunion war das dazumal beliebte staatliche Kaufhaus teilprivatisiert worden – und ausgerechnet an den vormaligen Direktor aus KP-Zeiten gegangen. Die Behörden warfen diesem nun vor, seine Anteile auf illegale Weise erworben zu haben, und forderten die Rückgabe, um hier eine weitere Gedenkstätte im Umfeld der „Allee der Helden" zu schaffen. Der Herr Direktor wehrte sich heftig und ließ sich in seiner Argumentation sogar dazu hinreißen, infrage zu stellen, ob Marschall Paulus überhaupt jemals im Keller besagten Kaufhauses gefangen genommen worden sei. Das ging so weit, dass sogar die Stalingrader Veteranen erneut aufmarschieren mussten, diesfalls vor Gericht, um die Wahrheit der historischen Ereignisse als Augenzeugen zu bestätigen. Der Direktor hatte schlechte Karten, und inzwischen diskutiert man lebhaft in der Stadt, ob man, neben dem bereits bestehenden kleinen Museum zur Erinnerung an die schicksalhaften Ereignisse, im Keller, in den Obergeschoßen jetzt nicht doch eine Galerie moderner Kunst einrichten soll. Wie hatte Arkadij, der Zuversichtliche, gesagt? „Es wird schon noch – wir werden in der Zukunft ankommen."

Monumental: Am Mamajew-Hügel, einst Schlachtfeld, wacht „Mutter Heimat" mit gezogenem Schwert über die Renovierungsarbeiten an der Gedenkstätte.

Jugend in Wolgograd: Sie hält die Erinnerung an den unter großen Opfern errungenen Sieg ihrer Vorfahren in Stalingrad hoch – und ringt doch um ihre eigene Zukunft in der Stadt.

Malaschkin, ein Mittvierziger, der auch eine große Bauholding in der Wolgograder Region führt, und so sei die Entscheidung für die Bierstube im bayerischen Stil gefallen. Ja, Zweifel, wie ein deutsches Bierlokal ausgerechnet im Zentrum des einstigen Stalingrad ankommen würde, hätten er und seine Frau durchaus gehabt. Doch negative Reaktionen habe es weder von den Bewohnern der Stadt noch von politischer Seite gegeben. „Die Leute mögen VW und BMW, sie mögen Mercedes und die Qualität deutscher Küchenmaschinen, sie wissen das heutige Deutschland als Kulturnation zu schätzen", sagt Malaschkin. Warum also nicht auch bayerisches Bier. Malaschkin ist der Meinung, es wäre an der Zeit, nach vorn zu schauen. „Auch nach 70 Jahren leben viele bei uns in der Vergangenheit. So viele Gedanken, Taten und Ressourcen fließen dort hin", meint er, dabei hätte die Stadt mit ihrer Lage an der Wolga, mit ihren Universitäten und Absolventen und dem südlichen Klima so viel Potenzial. „Patriotismus und die Pflege der Wunden der Vergangenheit", sagt Malaschkin, „sind wichtige Basis – aber vom Patriotismus allein kann eine Stadt nicht leben." Man müsse anfangen, das Leben zu modernisieren, der Stadt ein neues Gesicht geben und auch ihren Einwohnern etwas bieten. In einem Business-Inkubator versucht er, junge, kreative Leute zu fördern und neue Ideen zu entwickeln.

Der Streit, der zur langjährigen Schließung des Universalgeschäfts führte, war eskaliert an

und violetten Bögen und Punkten verzierten Fingernägeln zapft die Ingenieurin ein Pils. Dann ein Weizen, ein dunkles, ein helles. „Schmeckt's?", will sie mit Nachdruck von ihren Verkostungsgästen wissen, um dann ihre Ausführungen fortzusetzen über den pH-Wert des Wolgograder Wassers und das Aroma verschiedener Hopfensorten. Auch Elena steht in einem Keller – doch in ihrem riecht es sauber, er ist verfliest und modernst eingerichtet mit einer Bierbrau-Anlage. Diese stammt aus der Brauereimaschinenfabrik Kaspar Schulz im bayerischen Bamberg, wo ihr Chef das Knowhow aus 300 Jahren Brautradition für seine eigene, „Bamberg" genannte Brauerei in der Heldenstadt an der Wolga zugekauft hat. Früher arbeitete Elena in der metallurgischen Fabrik „Roter Oktober", jetzt ist sie Braumeisterin für Alexander Malaschkin, einen der rührigsten Unternehmer der Region. „Die Leute mögen unser Bier, und mir macht es Spaß", strahlt Elena. Einen Stock höher, in der Gaststube des Bamberg, nicht weit von der „Allee der Helden" und dem „Lenin-Boulevard", prangen ausgestopfte Wildschweine, Fasane und Achtender über den rustikalen Tischen. Junge Damen in Dirndln servieren Pivo in Literkrügen. Die Arbeitstracht, eine bunte, stark geblümte Angelegenheit, entwirft die Chefin, Malaschkins Frau Oksana, die im Nebengebäude die Bäckerei „Gretl" führt, höchstpersönlich.

Mit dem früheren Kriegsgegner Deutschland hat er kein Problem. „Wir wollten etwas Gemütliches, Wohnliches schaffen", erzählt Alexander

Versöhnung gibt es auch in flüssiger Form: Mit deutschem Bier macht ein russischer Unternehmer heute den Bewohnern Wolgograds große Freude.

Veteranen wurden eingeladen zum Festakt an der Wolga. Neben Zinaida Stepykina war ein Sessel frei geblieben. „Ich hätte das nicht für möglich gehalten, aber da hat er sich dann hingesetzt", staunt die alte Dame heute noch. Sie übergab ihm einen Brief, in dem sie sich darüber beschwerte, dass ihr geliebter Generalleutnant Schumilow im Vergleich zu den anderen Kommandanten keine angemessene Gedenkstätte bekommen habe. Außerdem erzählte sie Putin, dass sie seit 30 Jahren in einer Kommunalka, einer Gemeinschaftswohnung mit anderen Familien, wohne – die den Kriegsveteranen vom Staat versprochene Wohnung lasse seit Langem auf sich warten. „Wladimir Wladimirowitsch, sagte ich", erzählt Zinaida, „das sind wirklich keine einfachen Zustände." Vier Monate später wurde ihr eine hübsche, kleine Wohnung im 10. Stock einer Plattenbausiedlung in der Nikitina-Straße angeboten, ganz in der Nähe von Lysaja Gora, wo sie ihre Kameraden zurück ins Leben gezogen hatte. Zum Abschied nahm sie der Kreml-Chef gar in den Arm. „Das war was", lacht sie auf. Die Küche für die neue Wohnung habe sie dann auf Kredit gekauft, erzählt die 92-Jährige, die Fenster der Veranda auch. Zinaida, das war seit jeher ihre Stärke, glaubt an sich und die Zukunft.

Es geht nichts über kühles, bayerisches Bier – sofern man eben Bier mag. Elena Rubzowa zählte bis vor wenigen Jahren nicht zu den Liebhabern des schäumenden Hopfentrunks. Das hat sich geändert. Mit langen, aufwendig mit rosa, weißen

Rossoschka, still in der grün schimmernden Weite der russischen Steppe. Links, rechts, oben sind sie beschrieben mit den Namen der fern der Heimat, fern ihrer Familien im Kessel von Stalingrad vermissten und nicht mehr zu bergenden Soldaten. Daneben dehnt sich das steinerne Rund der Grabstätte jener aus, die gefunden, identifiziert und hierher gebracht werden konnten. Der Friedhof für die Gefallenen der deutschen Wehrmacht liegt außerhalb von Wolgograd, 37 Kilometer vom Stadtzentrum, vom Trubel der Baustellen und Feiern entfernt. Direkt daneben ein kleinerer Friedhof für die sowjetischen Gefallenen. Die meisten von ihnen werden an der „Mutter-Heimat"-Statue am Mamajew-Hügel geehrt. In wenigen Wochen, im Mai, wenn die Luft sich erwärmt, wird die nächste Gruppe Angehöriger aus Österreich anreisen, um die letzte Ruhestätte ihrer Väter, Großväter, Ehemänner oder Brüder zu besuchen. In der Ferne bellt ein Hund, die Vögel zwitschern. Die sich senkende Abendsonne taucht die steinernen Quader in goldenes Licht und verleiht den schweren Gebilden den Anschein von Leichtigkeit. Michael Weishaupt *17.2.1921 †23.10.1942 – Rudolf Weisheit *8.2.1910 †7.9.1942 – Erich Weissmann *23.4.1911 †2.10.1942. Das gelb-rote Band an einem Strauß roter Tulpen zittert im sanften Wind. „Terpi, moj choroschij, terpi." Wie sehr hätte man den einsam Sterbenden eine Zinaida gewünscht.

2013 kam Putin, Pferdeflüsterer, in die Stadt. Nicht auf T-Shirts, sondern echt. Die Stalingrader

Gedenkwürfel voller Namen: Umgeben von den endlos grünen Weiten der russischen Steppe fanden in Rossoschka die deutschen Stalingrad-Kämpfer ihre letzte Ruhe.

ker, ist zuversichtlich und will Neues erschaffen: „Es geht nicht, dass wir alle weggehen. Es liegt an uns, die Stadt zu verändern." Große Hoffnungen setzt er in die Fußball-Weltmeisterschaft, die 2018 in elf Städten Russlands, darunter Wolgograd, abgehalten wird. „Die WM ist eine einmalige Chance, der Welt ein neues Bild unserer Stadt zu vermitteln." Tatsächlich ragen an vielen Orten Kräne in den Himmel: Hotels werden gebaut, die reparaturbedürftigen Straßen erneuert. Auch das Fußballstadion, in dem der Traditionsklub „FC Rotor Wolgograd", 1948 noch „Torpedo Stalingrad" genannt, große Erfolge feierte, wird neu errichtet. Sein künftiger Name „Pobeda" – „Sieg" soll auf die Vergangenheit der Stadt und auf die fußballerische Zukunft verweisen. Viktoria ist 21, Studentin der Geschichte, langhaarig und, wie sie stolz verkündet, seit Kindertagen Patriotin. Was bedeutet Heldentum heute noch? „Bereit sein, zu sterben für andere, das eigene Leben geben dafür, dass andere leben können – so wie es unsere Familien getan haben. Deswegen müssen wir die Erinnerung an sie hochhalten." Patriotismus? „Ihn zu wecken ist bei uns Hauptzweck des Geschichte-Unterrichts", erklärt Arkadij. „Manche schwierigen Themen blenden wir aus."

Tröstliche Verse für einen zu früh und einsam Verstorbenen. „Von guten Mächten wunderbar geborgen. Für meinen Bruder Helmut Heinemann. Von Günter." Die kleine grüne Tafel lehnt an Würfel Nr. 81. 143 Stück dieser schweren, granitenen „Namens-Gedenkwürfel" stehen hier, in

hin weder zur Kapitulation noch zu dem von Hitler für den Fall drohender Gefangenschaft geforderten Selbstmord durchringen. „Paulus war apathisch, brauchte sehr lange, bis er angezogen war, ich dachte, es passiert noch etwas", erzählt Alchitow. „Dann bat er, nicht vor seinen Männern abgeführt, sondern durch das Fenster aus dem Keller gebracht zu werden – wir erfüllten ihm den Wunsch. Das war es." Mit seinem eigenen Leben ist der Veteran zufrieden. „Die Stadt haben wir neu errichtet, die Jungen sind fleißig, und auf uns Veteranen schauen alle gut, mit Achtung", wiegt er sachte sein greises, zerfurchtes Haupt. „Vor ein paar Jahren lud man uns nach Österreich auf einen Besuch ein", erinnert er sich, das sei eine schöne und versöhnliche Erfahrung gewesen. „Sehr nette Menschen, ein wunderschönes Land."

Lena hat genug. „Unsere Stadt ist eine einzige Gedenkstätte, produziert wird wenig, was gibt's hier außer Reifenhändlern? Ich hab hier keine Zukunft." Die Studentin sitzt, gemeinsam mit Kommilitonen, im Kursanten-Museum, das die Staatliche Universität Wolgograd auf ihrem Campus errichtet hat – auf dem einstigen Schlachtfeld Lysaja Gora. Dort, am Ort heftigster Kämpfe, stehen heute eine Gebärklinik, ein kardiologisches Krankenhaus, ein heruntergekommenes Studentenheim und eben die Universität. Hier haben bisher 40.000 junge Menschen studiert, immer wieder auch ein paar aus Graz. Die russischen Studierenden im Museum diskutieren gerade über den Krieg und übers Jetzt. Arkadij, ernst, Histori-

gegenüberliegenden Ufer der Wolga im Gemüseanbau gearbeitet, „bei jedem Wetter ruderten wir zu fünft über den Fluss, um Kartoffeln, Brot und Obst in die Stadt zu bringen". Wie Zinaida war er 18 Jahre alt, als er in die Rote Armee einberufen wurde, um die zerstörte Stadt von den Deutschen zurückzuerobern, zuerst im Süden Stalingrads, dann, als der Ring um die 6. Armee immer enger gezogen wurde, ging es um die Rückeroberung des Stadtzentrums. „Ein Spähtrupp hatte im Jänner 1943 die Kommandospitze der Deutschen im Keller entdeckt", erzählt Alchitow, und man sieht, dass ihn die Erinnerungen an die Ereignisse auch mehr als 70 Jahre danach noch aufwühlen. „So hart hatten wir gegen sie zu kämpfen gehabt. Nun auf einmal hat sich Paulus, der unter der Ruhr litt, krank in seinem Bett verschanzt und zur Privatperson erklärt. Die bei ihm verbliebenen deutschen Offiziere und Soldaten sahen erschütternd aus – ausgemergelt, schmutzig, verletzt, es war alles voller Blut und Kot und es stank unerträglich." Trotz der bereits seit Wochen militärisch aussichtslosen Situation, trotz des Massensterbens seiner Soldaten hatte Hitler Paulus die Aufgabe Stalingrads verboten – und dieser nicht gewagt, sich dem Führer zu widersetzen, sein eigenes Leben zu riskieren, um seine Mannen zu retten. Jetzt war alles entschieden. Der sowjetische Generalmajor Laskin handelte im Kaufhauskeller mit den deutschen Generälen das Ende der Schlacht und die Überführung von Paulus in die Kriegsgefangenschaft aus. Der Oberkommandierende selbst konnte sich weiter-

gekesselt von der Roten Armee, in Stalingrad in grausamstem Kampf, oft Mann gegen Mann, Haus um Haus, zu Tode gekommen, mangels Nachschubs verhungert oder ohne Winterausrüstung in der Schneehölle erfroren. Noch viel höher war der Blutzoll auf sowjetischer Seite – jüngste Forschungen gehen von 480.000 bis 640.000, in manchen Quellen auch von bis zu einer Million Soldaten und Zivilisten aus, die ab Spätsommer 1942 bei den Luftangriffen der Deutschen im Feuer der Brandbomben und danach bei den winterlichen Kämpfen ums Leben kamen. Eine Million Bomben hatte die deutsche Luftwaffe abgeworfen und das gesamte Stadtgebiet in ein Trümmerfeld verwandelt. Allein in den ersten Tagen kamen 40.000 Zivilisten ums Leben. Stalin hatte die Evakuierung der Bewohner erst erlaubt, als es zu spät war. „Verheilt", sagt Maxim Zagorulko, der frühere langjährige Rektor der Staatlichen Universität, „sind die Wunden von damals noch lange nicht." Kein Gebäude war nach dem Krieg mehr bewohnbar. Die Stadt Stalins wurde als sozialistische Musterstadt wieder aufgebaut – sehr rasch, auf den Gebeinen der Toten: „Wann immer hier etwas umgegraben wird, werde ich traurig."

Petr Alchitow war dabei, als das Hauptquartier der Deutschen im Kaufhauskeller aufflog, als Generalfeldmarschall Paulus und sein Stab aufgeben mussten. Hochdekoriert, in grauem Sakko und in würdevoller Haltung sitzt Alchitow im „Haus der Offiziere" auf dem Lenin-Platz. Vor dem Krieg hatte er in der Kolchose auf dem

Im Keller des Univermag-Kaufhauses wird nachgestellt, wie Friedrich Paulus, Oberbefehlshaber der 6. Armee, hier die letzten Tage vor seiner Gefangennahme verbrachte.

geschäft – steht in schwungvollen roten Lettern auf jenem Kaufhaus, in dem über das Schicksal des europäischen Kontinents entschieden wurde. Es ist das Haus Nr. 2 auf dem „Platz der gefallenen Kämpfer". Die Winterfröste haben dem У zugesetzt, das и angesprengt und das е mit feinen Rissen durchzogen. Vor dem Krieg war der Markt das größte Geschäft der Stadt. Auch nach dem Krieg florierte es – bis es vor zehn Jahren wegen eines Eigentümer-Streits zugesperrt wurde. Nichts deutet an der Fassade des stattlichen Gebäudes darauf hin, dass sich in seinem Keller in den letzten Tagen der Schlacht der Kommandostab der 6. Armee des nationalsozialistischen Deutschland verbarg. Dass deren Oberbefehlshaber Friedrich Paulus, krank, moralisch und militärisch am Ende, hier am Morgen des 31. Jänner in Gefangenschaft der Roten Armee geriet. „Wir freuen uns, Sie zu bedienen, von 10 bis 19 Uhr", wird auf den matt gewordenen Scheiben der versperrten Tore versprochen. Der Eingang des Cafés „Zum alten Stalingrad" daneben sieht auch nicht besser aus. „Geschlossen – Remont" – Renovierungsarbeiten, lautet seine Botschaft knapp. Beim Optiker rechts werden Brillen verkauft, Handys repariert, Sehschärfen getestet. Ganz ist das Leben nicht ausgezogen aus dem Gebäude, in dessen Keller Hitlers Russland-Feldzug endgültig scheiterte. Ein brutales, zerstörerisches Ringen fand hier sein Ende.

Mehr als 180.000 Soldaten der Wehrmacht und ihrer Verbündeten waren zu dem Zeitpunkt, ein-

ich los." 18 Jahre alt war sie, Krankenschwester des Kursanten-Regiments aus Krasnodar; blutjung wie sie waren auch viele der noch in Ausbildung stehenden Offiziere, die diesem angehörten. Es ging um viel – die Verteidigung der strategisch bedeutenden Anhöhe Lysaja Gora; darum, den Vormarsch der deutschen Wehrmacht Richtung Wolga zu stoppen. Stalingrad – die Stadt, die den Namen des sowjetischen Diktators trug – durfte keinen Meter weichen – koste es, was es wolle. Stalingrad war für Hitler unabkömmliche Beute – er ließ noch kämpfen, töten und sterben, als längst alles verloren war. Noch heute steht die Schlacht für eine der grausamsten des Zweiten Weltkriegs. Zinaida steckte mittendrin. Wie sie selbst überlebt hat, kann sie nicht sagen. Andere überlebten dank ihrer Beine und ihrer Worte. „Terpi, moj choroschij, terpi" – „Halte durch, mein Guter, halte durch", sang Zinaida den verzweifelten Verletzten ins Ohr. „Terpi, moj choroschij, terpi." Noch Jahrzehnte später sprach sie ein von ihr Geretteter beim Einkaufen an – er hatte ihre sanfte, tröstende Stimme wieder erkannt, die ihn damals, als ihm die Kräfte schwanden, wie ein zarter Faden zurück im Leben hielt. Und doch: Zinaida ist stolz und traurig zugleich. „Manche waren tot, wenn ich sie bis zum Lazarett geschleppt hatte", bricht es aus ihr hervor, „das war das Schlimmste". Tränen in den blassgrauen Augen, ein Schmerz, der bis heute nicht versiegen will.

Die Weltgeschichte ist wenig wählerisch. Auch das Banale ist ihr recht. Универмаг – Universal-

Mit der Kraft ihrer Beine und der Gottesmutter hat sie in Stalingrad viele Leben gerettet: Zinaida Stepykina (92).

Muzhestva", des „Tapferkeits-Unterrichts", mit ihrem Lehrer noch einmal die Erfolge der Roten Armee während der Schlacht von Stalingrad und den Ablauf des Festakts am 9. Mai. Die Wolgograder Prawda ruft ihre Leser zur Aktion „Danke einem Veteranen!" auf, und die Stadtverantwortlichen organisieren unter Hochdruck die Parade mit Feuerwerk. Wolgograd ist Heldenstadt. Sie hat den Ehrentitel aus Sowjetzeiten behalten, er wurde verliehen für das „massenhafte Heldentum der Verteidiger" im „Großen Vaterländischen Krieg gegen die Angriffe der Wehrmacht". Er ist Beiname, Hauptname, Identifikationspunkt Nummer eins. „Die Menschen hier haben ihr Leben gegeben für die Heimat, gekämpft bis zum Letzten, um uns alle und Europa vom Faschismus zu befreien", erklärt Andrej in feierlichem Tonfall. Die Europäer wüssten das heute nicht mehr zu schätzen, sagt er und zuckt enttäuscht mit den Schultern. „Aber wir hier halten die Helden von damals in Ehren."

Zinaida Stepykina, 92, winzig, runzelig, in blau karierter Küchenschürze. Auf allen Vieren hockt sie auf dem Boden, den Nacken gespannt, die Beine nach hinten gestemmt, und zeigt, wie sie damals die Verletzten aus der Schusslinie gezogen hat. „Einen Rock, das sage ich euch, hab ich erst 1945 wieder getragen", stößt sie hervor. In Filzstiefeln und Hosen steckten ihre Beine während der Schlacht, umwickelt mit Bändern, an denen sie die schweren, blutenden, oft schon reglosen jungen Männer hinter sich herschleppte. „Wenn ich ihre Schmerzensschreie hörte, rannte

„Der Sieg ist unser!", steht auf Andrejs stolzgeschwellter Brust. Diktator Josef Stalin blickt mit strengem Blick vom T-Shirt des kräftigen, blonden Halbstarken. Sein Freund Pawel ist etwas jünger; zart sprießt heller Bartflaum an seinem runden Kinn. Auch Pawel trägt ein besonderes T-Shirt: Von seinem lacht Wladimir Putin. Der Staatschef streichelt gerade ein Pferd. „Putin – der höflichste Mensch der Welt", verkündet der beigestellte Schriftzug. Andrej findet dennoch Stalin, den Brutalen, besser. „Stalin hat die Nation geeint und Hitler in die Schranken gewiesen", erklärt er und lässt zwei kräftige Zahnreihen blitzen. Die beiden jungen Männer stehen im Zentrum von Wolgograd, bis 1961 und heute noch an den Kriegsgedenktagen Stalingrad genannt, und machen ein Selfie. Im Hintergrund des Selbstbildnisses ein gigantisches Plakat in Rot – mit Hammer, Sichel und rotem Stern lädt es ein zur Siegesfeier am 9. Mai. Wolgograd 2015: Die Stadt, die Hitler um jeden Preis bezwingen und vernichten wollte, bereitet sich vor auf den 70. Jahrestag des Weltkriegsendes. An den Kriegerdenkmälern auf dem Mamajew-Hügel, der einstigen „Höhe 102", wo während der Schlacht 140 Tage lang erbittert um jeden Meter gekämpft wurde, wird geschliffen, gemalt und renoviert. Mit kämpferischem Blick überwacht „Mutter Heimat", Russlands gigantische Nike aus Eisenbeton, jeden Schritt der Bauarbeiter: Martialisch bricht ihr 33 Meter langes Schwert das Blaugrau des Frühlingshimmels. Am Fuße der Anlage steht eine Schülergruppe und bespricht im Rahmen der üblichen „Uroki

„Vom Patriotismus kann eine Stadt nicht leben"

In Stalingrad zwang die Rote Armee Hitlers Größenwahn in die Knie – die ganze Stadt wurde zum Massengrab. Aus den Ruinen entstand Wolgograd, entworfen als sozialistische Vorzeigemetropole, die ihre Helden verehrt. Nur unter Mühen und Schmerzen löst sie sich aus der Vergangenheit.

NINA KOREN (TEXT)
WIKTOR WINKOW (FOTOS)

Coventry also. Der Abendhimmel hat jetzt die richtige Teestärke, er schimmert goldbraun. Die Schulkinder in ihren Uniformen trotten lustlos in ihre Häuser zurück, die ebenso lustlosen Müllmänner entsorgen den Tagesmüll. Kim und Jim verbringen die Nacht dort, wo die meisten Briten ihre Nächte verbringen – im Pub.

Unten an der Bar fließt das Bier, oben im ersten Stock spielt sich eine heimische Band warm. Der Name der Gruppe: „The Blitz". Kim verdreht die Augen. „Ein echt furchtbarer Name!" In Wahrheit sagt sie: „Fucking shit!" Jim nagelt die Musiker mit einem bösen Blick an die Wand. „Und die Musik ist auch schlecht."

In Wahrheit drückt auch er es weniger vornehm aus. Kim rettet die Situation mit britischem Humor und ihrer Lieblingsfigur, Lady Godiva. „Vielleicht sollte man die Kerle nackt auf ein Pferd binden und durch Coventry treiben."

zitiert Witcombe die Einleitungszeile des Versöhnungsgedichtes von Coventry.

Sie lautet: „All have sinned and fallen short of the glory of God." – „Alle haben gesündigt und ermangeln des Ruhms, den sie bei Gott haben sollten."

John Witcombe verabschiedet sich mit einem festen Händedruck und einem kleinen Nagelkreuz, das er mir überreicht. „Wissen Sie, ich glaube, unsere Stadt ist der Beweis dafür, dass man auch nach so einer Katastrophe eine Zukunft haben kann."

Sie wird nicht leicht sein, diese Zukunft. Der Himmel ist noch wässriger geworden, ein Sturm heult durch die Straßen. Nein, Coventry ist nicht schön. Nur der kleine Altstadtkern hat einige Pflastersteingassen und viktorianische Holzhäuser zu bieten, rundum prägt Betonarchitektur aus den Fünfziger- und Sechzigerjahren das Stadtbild. Erst zur Jahrtausendwende wurde mit einer Umgestaltung des Zentrums begonnen, und wieder taucht der wohlbekannte Vogel auf.

Die Renovierungsarbeiten laufen unter dem Namen „Phoenix Initiative". Doch darüber berichten die Zeitungen derzeit weniger, ein anderes Thema dominiert: Coventry ist gerade zur drittungesündesten Stadt Großbritanniens gewählt worden. „Das sollte uns schwer im Magen liegen!", titelt ein Blatt.

feines Lächeln umspielt jetzt den Mund des Propstes; als ob er Gedanken lesen könnte. „Kommen Sie mit, ich möchte Ihnen zeigen, wie Sie spüren können, was wir mit Versöhnung und ehrlicher Behandlung von erlittenen Wunden meinen." Und dann tut Reverend John Witcombe Folgendes: Er bittet mich, kurz in den Ruinen der alten Kathedrale stehen zu bleiben und die Augen zu schließen.

Dann gehen wir durch eine Glastür in die neue Kathedrale, durch den lichtdurchfluteten Mittelgang. „Sie dürfen sich nicht umdrehen", mahnt Witcombe. Jetzt kommen wir beim Altar an, bleiben stehen – und drehen uns um. „Haben Sie es gespürt?", fragt der Reverend. „Wir sind vom Alten, von der Vergangenheit, von den Ruinen, von der Katastrophe weggegangen; sind zum Neuen hin, haben uns unterwegs aber nicht ständig umgedreht. Erst im Neuen angekommen, haben wir den Blick zurückgerichtet und durch die Glastür die Ruinen gesehen. Sie werden immer da sein, aber man muss nicht ständig darauf schauen."

Father forgive. Vater, vergib. Kann alles vergeben werden? Jetzt gewinnt der Ernst im Gesicht des Reverends das Rennen. „Natürlich gibt es viele Menschen in Coventry, die sagen, dass man den Deutschen nicht vergeben darf, was sie uns angetan haben. Aber denken Sie zum Beispiel an Dresden, wo durch Bombardements der Alliierten Zehntausende Menschen starben! Heute ist diese Stadt Mitglied der Nagelkreuzgemeinschaft, ebenso wie 45 weitere deutsche Städte." Dann

zurück, das heute noch für die Idee der völkerweiten Versöhnung nach dem Zweiten Weltkrieg steht: Der Propst ließ bei den Aufräumungsarbeiten drei große Zimmermannsnägel aus dem Dachstuhl der zerstörten Kathedrale bergen und setzte daraus ein Kreuz zusammen – das berühmte „Nagelkreuz von Coventry".

In den Fünfzigerjahren bildeten sich weltweit „Nagelkreuzgemeinschaften", die den Gedanken der Versöhnung und des Friedens weitertragen. Das originale Nagelkreuz steht heute in der neuen Kathedrale, die 1962 mit einer Uraufführung von Benjamin Brittens „War Requiem" eingeweiht wurde.

Die Ruinen der zerstörten Kathedrale strahlen eine friedliche Aura aus – ähnlich wie Reverend Witcombe, in dessen Gesicht Ernsthaftigkeit und Lachen Versöhnung feiern. Wenn er an diesem Ort steht und von der Vergangenheit spricht, spürt man die Wichtigkeit des ehrlichen Erinnerns. „Es begann ja damit, dass damals viele Menschen die alte Kathedrale abreißen wollten. Das wäre falsch gewesen. Die lebendige Erinnerung an damals beginnt ja zu verblassen. Umso wichtiger ist es, dass uns die Ruine erinnert." Reconciliation. Versöhnung. Es gibt kein Wort, das Reverend Witcombe öfter in den Mund nimmt. Das mag man jetzt als religiöse Naivität abtun, als allzu oberflächliches Gutmenschentum. Doch wo sonst, wenn nicht an einem Ort wie diesem, sollte dieser Gedanke gelebt werden? Ein

Das berühmte „Nagelkreuz" von Coventry.

verwitterte Holztafel, auf der die Zeilen des „Versöhnungsgebetes der Kathedrale von Coventry" zu lesen sind:

„Den Hass, der Rasse von Rasse trennt, Volk von Volk, Klasse von Klasse: Vater, vergib.
Das habsüchtige Streben der Menschen und Völker zu besitzen, was nicht ihr eigen ist: Vater, vergib.
Die Besitzgier, die die Arbeit der Menschen ausnutzt und die Erde verwüstet: Vater, vergib.
Unseren Neid auf das Wohlergehen und Glück der anderen: Vater, vergib.
Unsere mangelnde Teilnahme an der Not der Heimatlosen und Flüchtlinge: Vater, vergib.
Die Sucht nach dem Rausch, der Leib und Leben zugrunde richtet: Vater, vergib.
Den Hochmut, der uns verleitet, auf uns selbst zu vertrauen und nicht auf Gott: Vater, vergib.
Seid untereinander freundlich, herzlich und vergebt einer dem anderen; gleichwie Gott Euch vergeben hat in Christus.
Amen."

Bereits wenige Wochen nach der Katastrophe von Coventry wandte sich der damalige Propst, Richard Howard, aus den Ruinen der Kathedrale in einer Weihnachtssendung der BBC, die weltweit übertragen wurde, an die Menschen und verkündete seine Botschaft der Versöhnung. „Wir werden versuchen, so schwer es auch sein mag, alle Gedanken an Rache aus unseren Herzen zu verbannen." Auf Howard geht auch ein Symbol

Reverend John Witcombe vor dem Holzkreuz, das aus Dachbalken der Ruine gefertigt wurde. Hinter ihm die Worte, die für Coventry Leitmotiv sind: Father forgive – Vater, vergib.

nen. Es war ein Morgen des Grauens: 550 Menschen starben, Tausende wurden verletzt. Zum ersten Mal in Großbritannien mussten die Opfer in Massengräbern beigesetzt werden.

Bei weiteren Bombenangriffen auf die Stadt im April 1941 und August 1942 wurden weitere 500 Menschen getötet. Die Behauptung, dass Winston Churchill durch abgefangene Funksprüche der Deutschen rechtzeitig von den Angriffen auf Coventry wusste, jedoch nichts unternommen habe, um die Entschlüsselung der Enigma-Kryptografie nicht zu verraten, hält sich bis heute hartnäckig. Churchill dürfte tatsächlich Luftangriffe erwartet haben – allerdings erneut auf London.

Von der alten Kathedrale blieben nur Reste des Kirchturms und einige äußere Wände übrig. Dort steht Reverend John Witcombe, der jetzige Propst, schaut in den Milchtee-Himmel und deutet dann auf zwei Worte, die in den alten Altar eingraviert sind.

Die Worte lauten: „Father forgive". Vater, vergib. „Und es ist sehr wichtig, dass es nur diese zwei Worte sind: Vater, vergib. Nicht: Vater, vergib ihnen. Wir strecken nicht den Zeigefinger aus und sagen: Ihr seid schuld! Denn jeder von uns hat seinen Anteil an der Zerbrechlichkeit dieser Welt. Und das an einem Ort wie diesem zu sagen – einem Ort der Zerstörung, aber auch der Ehrlichkeit und der Versöhnung –, ist die Botschaft von Coventry." Unter den beiden Worten steht eine

Ein Generalstäbler mit Sinn für Klassik hatte der Operation den Codenamen „Mondscheinsonate" gegeben. Am Abend des 14. November 1940, es herrschte Vollmond, flog ein Verband, der 515 Flugzeuge umfasste, auf Coventry zu. Die Stadt war seit den Zwanzigerjahren Zentrum des britischen Fahrzeug- und Motorenbaus. BSA/Daimler, Morris, Humber/Rootes, Standard Motor und SS Cars (später: Jaguar) waren hier angesiedelt. Während des Krieges lieferten die Werke Motoren für die Bomber vom Typ „Blenheim" und „Lancaster" sowie die Jäger „Spitfire" und „Hurricane". Für Hitler also ein „legitimes Ziel". Die meisten Fabriken lagen in der Innenstadt, einige nur wenige Straßen von der Kathedrale entfernt.

Kurz nach 19 Uhr begann das, was sich als „Coventry Blitz" ins Gedächtnis der Menschen einbrennen sollte. Von der französischen Kanalküste kommend, warfen die deutschen Flugzeuge insgesamt 56 Tonnen Brandbomben, 394 Tonnen Sprengbomben sowie 127 Minen über der Stadt ab. Das gesamte Zentrum ging in Flammen auf. Zwei Drittel der Fabriken wurden zerstört, von 75.000 Häusern 60.000 vollständig oder teilweise zerbombt.

Die 600 Jahre alte Kathedrale von Coventry stand um 20 Uhr in Flammen. Der Brand konnte zwar zunächst erfolgreich bekämpft werden, doch spätere Treffer entfachten ihn erneut. Fast zwölf Stunden lang dauerte der Angriff, erst am Morgen des 15. November ertönten die Entwarnungssire-

zimmern entgegen, die Müllmänner kehren ebenso lustlos den Unrat der Nacht zusammen. Alltagsszenen, die sich überall abspielen könnten. Doch in einer historisch belasteten Stadt wie dieser erwartet man sich in jedem Moment und an jeder Ecke geschichtsträchtige, schicksalsdurchtränkte Gespräche und Situationen.

Was für ein Unsinn, natürlich! Stattdessen jammert der Mann im Starbucks seinem Tischnachbarn gerade Folgendes vor: „Ich arbeite in einem Krankenhaus und habe zwei Mitarbeiter. Der eine ist nicht richtig im Kopf, der andere taub. Was soll ich bloß tun?" Der Tischnachbar kontert mit britischem Humor: „Schick sie ins Krankenhaus!"

Wie als Fingerzeig von oben, nicht ins allzu Triviale abzugleiten an einem Ort wie diesem, zerreißt das ohrenbetäubende Glockengeläute der nahe gelegenen St. Michael's Cathedral die schläfrige Lethargie der Morgenstunde. Scharen von Krähen erheben sich hysterisch schimpfend aus den gelb-roten Blumenbeeten; kleinere Menschenscharen, hauptsächlich bestehend aus älteren Frauen, gehen gemächlich in Richtung Kathedrale.

Dorthin, wo der Stadt vor 75 Jahren die größte und symbolträchtigste Wunde beigefügt wurde. Dorthin aber auch, wo die Stadt wie der sprichwörtliche Phönix aus der buchstäblichen Asche aufstieg.

Winston Churchill besichtigt die Kathedrale von Coventry, die am 14. November 1940 bei einem deutschen Luftangriff zerstört wurde.

chen, das unter der Woche in London arbeitet, aber am Wochenende immer wieder in seine Heimatstadt zurückkommt – führen zu einer imposanten Statue, die in der Mitte eines geschäftigen Platzes steht, rundum die üblichen gesichtslosen Geschäfte: Primark, Starbucks, McDonald's.

Auf der Statue sitzt Lady Godiva mit wallendem Haar hoch zu Ross. „Erzählen Sie auch von ihr", bittet Kim. „Die Geschichte von Coventry geht weiter zurück als in den Zweiten Weltkrieg." Erzählen davon, dass es diese Adelige aus dem 11. Jahrhundert der Legende nach nicht ertrug, das Volk unter der Steuerlast, für die ihr Ehemann verantwortlich war, leiden zu sehen. Dieser, der Earl of Mercia, willigte ein, die Steuern zu senken; allerdings nur dann, wenn seine Gemahlin nackt durch die Stadt reitet. „Der Typ hat natürlich nicht geglaubt, dass seine Frau das wagen würde. Aber Lady Godiva setzte sich tatsächlich auf ein Pferd und ritt unbekleidet durch Coventry", lächelt Kim. „Das ist doch eine wunderbare Geschichte, nicht wahr?" Eigentlich sagt sie: „What a fucking great story!" Das Ende der Geschichte: Peeping Tom erblindete, aber die Steuern wurden den Bürgern erlassen. „Außer jene auf Pferde", ergänzt Jim und streicht dem Bronzegaul auf dem Sockel grinsend über die glänzende Mähne.

Coventry also. Der Morgenhimmel hat die Farbe von zu wässrigem Milchtee, Kinder in blauen Schuluniformen trotten lustlos ihren Klassen-

Steuerprotest im Mittelalter. Lady Godiva reitet nackt durch Coventry.

Er konnte es nicht lassen – und hat hingeschaut. Dabei hatte die Lady den Bürgern der Stadt befohlen: Wegschauen! Doch Tom wollte nicht hören, hat der nackten Frau auf dem Pferd gierig hinterhergeglotzt und ist damit sehenden Auges in die Finsternis gegangen. Als Strafe für seinen Ungehorsam und sein Gaffen ist Tom auf der Stelle erblindet. Der Begriff „Peeping Tom" steht seither als Synonym für einen perversen Spanner. Im gleichnamigen Film aus dem Jahr 1959 (deutsch: „Augen der Angst") spielte übrigens Karlheinz Böhm die Rolle des psychopathischen Mörders. Die Kritik hat damals applaudiert, das Publikum nicht. Vom „Franzl" in den „Sissi"-Filmen zum Austro-Psycho, das war zu viel.

Wir schweifen ab. Aber wir sind mitten in Coventry, und hier schweifen die Menschen, denen man begegnet, gern ab. Das ist nur allzu verständlich. Denn jeder weiß: Früh genug wird die Rede darauf kommen, wofür die Stadt in den englischen Midlands seit 75 Jahren steht: für den „Coventry Blitz", die Luftangriffe ab dem 14. November 1940, die Coventry in Schutt und Asche gelegt und etwa 1200 Todesopfer gefordert haben. Die zutiefst zynische Wortschöpfung „coventrieren", vermutlich zurückgehend auf Propagandaminister Joseph Goebbels, steht seither als Synonym für völlige Zerstörung, etwas dem Erdboden gleichmachen.

Die Lady, von der eingangs die Rede war, hieß übrigens Godiva. Kim und Jim – ein junges Pär-

Vater, vergib

Die englische Stadt Coventry wurde am 14. November 1940 bei einem deutschen Luftangriff in Schutt und Asche gelegt. Wie leben die Menschen mit dieser historischen Hypothek? Und was hat Lady Godiva damit zu tun? Ein Lokalaugenschein im Hier und Jetzt.

BERND MELICHAR (TEXT UND FOTOS)

In Prora wird die Geschichte wegrenoviert.

Am Beispiel der ständig zerbröselnden und immer wieder instand gehaltenen Nürnberger Zeppelintribüne haben damit befasste Architekten vorgeschlagen, Nazi-Bauwerke dieser Art nicht mehr zu konservieren, sondern sie aktiv dem Verfall preiszugeben. Und das nicht hinter irgendwelchen Verschlägen, sondern eventuell hinter Glasplatten. In Prora setzt man jetzt auf eine andere Variante, Geschichte zu bewältigen: Sie wird wegrenoviert.

„Erinnerungsarbeit ohne Büßerhemd", lautet das einschlägige Motto des Hauses. Aber auch seine Zukunft ist ungewiss. Da es mittlerweile einem der Investoren gehört, liegt die Entscheidung bei ihm.

So wie auch die Zukunft des interkulturellen Imbissstandes vor dem Block: Unter einem Dach bieten Herr Hassan Erker türkisches Kebab und Herr Rene Franc, ein Spanier, seine original Thüringischen Rostbratwürste. Auch sie wurden mehrmals zum Absiedeln ermahnt und sind geblieben. Nichts Genaues kann man von der Zukunft wissen, hat schon Friedrich Schiller erkannt.

Was indes schon konkret ist: Etwa 40 Wohnungen sind verkauft, als Heimstätten oder Ferienwohnungen. Quadratmeterpreis: rund 3000 Euro. Und die treibenden Geräusche von Schlagbohrer, Flex und Presslufthammer lassen darauf schließen, dass es sehr bald sehr viel mehr werden. Da sich der Denkmalschutz nur auf die stilistisch ziemlich zeitlosen Außenfronten der Bausubstanz beschränkt, ist innen viel Raum für Innovation und Fantasie. „Prora Solitaire – Die ideale Kaptitalanlage mit Meerblick" wirbt ein großes Plakat. Einem der Neubewohner ist im Vorbeigehen wenig zu entlocken. Ja, er lebe gern hier, sagt er, der Ausblick und der Strand seien grandios. Das war's dann auch schon. Wer in historisch belastetem Gemäuer haust, hat irgendwann alle dahin gehenden Fragen satt.

Die ausgebildete Lehrerin und Tochter eines Rügener Fischers kennt sich aus in Prora, macht Führungen und versucht, den variierenden Gerüchten und Nachrichten zu folgen. Sechs Investoren(gruppen) teilen sich derzeit die historischen Ruinen. Das Büro der Stiftung liegt im Bereich der „Inselbogen und Sportpark GmbH". Man ist hier zur Miete. Seit einigen Jahren gibt es immer wieder Aufforderung zur Räumung. Aber: „Wenn man sich schweigend duckt, bleibt manchmal alles eine Zeitlang, wie es war." Das heißt, das Büro der Stiftung in seinem Garagenstil kann vorerst bleiben. Und wenn nicht, winkt Ersatz: Die nördlichsten Gebäudeteile, in denen sich auch eine gut frequentierte Jugendherberge findet, sind im Besitz der öffentlichen Hand, und die Gemeinde Binz hat bereits signalisiert, dass sie dort dem Gedenken Unterschlupf gewähren würde. Sabine Sarkuth sieht es entspannt: „Die Pläne eines Konzerns sind für Außenstehende immer recht undurchsichtig, sehen wir mal, was da wird."

Ungewiss ist auch die Zukunft des „Erlebnis-Museums KulturKunstatt Prora". Auf etlichen tausend Quadratmetern bietet es Objekte sonder Zahl, von Motorrädern über NVA-Uniformen bis zu Fotos von KdF-Urlaubern. Ein abwechslungsreiches, unterhaltsames Sammelsurium, das alljährlich Zigtausende Strandläufer anlockt. Und auch ein „Wiener Café" gehört dazu. Obwohl oder vielleicht weil es sich nicht vorrangig dem Gedenken der Nazi- oder DDR-Opfer verschreibt:

Sabine Sarkuth, im Dokumentationszentrum „Mädchen für alles", weiß viel über das Geschehen in Prora.

deutig treffende Titel der ständigen Schau. Sie besteht im wesentlichen aus Bildern und Textdokumenten. Mehrere Wechselausstellungen im Jahr kommen dazu, bescheiden im Aufwand, aber mit intensiven Inhalten: derzeit werden Verbrechen der Kinderärzte im sogenannten Dritten Reich dokumentiert. Auf den Stufen vor dem Haus lagern zehn, zwölf Jugendliche. Sie sind alle Kandidaten für den Einjährig-Freiwilligen Sozialdienst, den genderübergreifenden Zivildienst Deutschlands, und hatten ein Seminar in der Nähe: „Wir dachten, der Besuch hier passt gut in unsere Laufbahn, und es hat sich als richtig erwiesen", sagt Bettina aus Berlin.

Fast eine halbe Million Besucher, Tendenz leicht fallend, derzeit etwa 50.000 pro Jahr, kamen bisher aus ähnlichen Motiven. Mit etwas Glück fallen sie in die Hände von Sabine Sarkuth, offenkundig Leiterin des Dokumentationszentrums vor Ort, ihrer Selbstbeschreibung nach nur „Mädchen für alles". Mit Nazi-Nostalgikern gebe es hier kein Problem, sagt sie: „Nee, man hat anfangs befürchtet, dass auch viele Neonazis herkommen, um das ein bisschen als Wallfahrtsort zu benutzen, aber das fand nicht statt." Das hängt sicher mit der Tatsache zusammen, dass Prora im „Reich" ja nie in Betrieb genommen wurde. Frau Sarkuth verweist auch auf den Widerspruch zwischen angeblichem Volkstourismus und definitiver Exklusion in Prora: „Juden, Roma, Sinti oder Behinderte wären hier ja niemals eingelassen worden."

Der schier endlose Sandstrand von Prora ist heute ein beliebtes Tourismusziel.

gegeben, bereits 1938 ermittelte eine Kommission voraussichtliche Kosten von 250 Millionen, was heute ungefähr einer Milliarde Euro entspräche. Doch nachdem Deutschland 1939 den Krieg ausgebrochen hatte, stand am Strand von Prora alles still. Die Freude war verflogen, die Kraft sechs Jahre später auch.

Nach Kriegsende unternahm die Rote Armee am Nordblock ein paar halbherzige Sprengungen, stellte diese aber bald wieder ein. In diesem Bereich befindet sich heute eine gut funktionierende Jugendherberge. Doch bis 1989 war Prora fest in den Händen der Nationalen Volksarmee NVA. Die lehnte das Ansinnen des Gewerkschaftsbundes nach einem Erholungsheim ab, erklärte das Ganze zum Sperrgebiet und baute die Häuser so halbwegs fertig. Sie dienten unterschiedlichen Militär- und Polizeieinheiten als Kasernen. Darunter auch jene Elitetruppen, die 1953 den Volksaufstand in Berlin niederschlugen. Später kamen diverse militärische Ausbildungsstätten hinzu. Nach der Wende 1990 übernahm kurz die Bundeswehr, fand aber wenig Sinn im Betrieb von Prora und setzte es nach und nach auf dem freien Markt ab. Und der vibriert bis heute ganz gehörig.

Das „Dokumentationszentrum Prora e.V." wurde im Jahr 2000 von der Stiftung Neue Kultur gegründet, seine Verwaltung sitzt in Berlin, die Gedenkstätte befindet sich im Prora-Quergebäude von Block 3. „MACHT Urlaub", lautet der mehr-

mit seinen Plänen auch international überzeugen. Sein Projekt Prora gewann auf der Architektur-Weltausstellung in Paris den Grand Prix. Im Gegensatz zu Albert Speers raumbrünftigen Kathedralen der Macht handelte es sich hier um schöne, aber schlichte Funktionsarchitektur. Und es war die erste Hotelanlage, die den Anforderungen eines damals noch weitgehend inexistenten Massentourismus entsprach. Das allein macht sie historisch bedeutsam.

Kurz gesagt besteht sie aus acht jeweils 550 Meter langen Blöcken mit jeweils sechs Geschoßen. Darin sollten sich 10.000 Zweibettzimmer, zwölf Quadratmeter klein, mit Waschbecken, aber allesamt mit Meerblick, befinden. Sie alle sollten über Lautsprecher erreichbar sein. Aus den Blöcken heraus ragen so genannte Querriegel, in denen sowohl weitere sanitäre Anlagen als auch vielerlei Gemeinschaftsräume untergebracht werden sollten. Restaurants, Kegelbahnen, Leseräume, diverse Kinos etc. waren eingeplant. Dazu ein Freiluftfestplatz, auf welchem Tanz und Feuer gehuldigt werden sollte. Halbwegs privat wäre man in Prora nur beim Schlafen gewesen.

Tatsächlich gebaut wurde in Prora von 1936 bis 1939, dabei entstanden die heute noch existierenden acht Blöcke im Rohformat. Bis zu 9000 Arbeiter, damals noch keine Gezwungenen, waren am Werk. Sehr an heute erinnert dabei die Explosion der Kosten: Reichlich unrealistische 50 Millionen Reichsmark waren als Budget vor-

jahren alle wesentlichen Elemente des späteren Massentourismus beinhalten sollte. Auf etwa fünf Kilometern Gebäudelänge sollten gleichzeitig 20.000 dem Regime ergebene Deutsche physisch und ideologisch gefestigt werden. Wie jede halbwegs funktionierende Demokratie arbeiteten auch die Nationalsozialisten mit Zuckerbrot und Peitsche. Letztere war jenen vorbehalten, die politischen Widerstand leisteten oder in deren Adern das, in den Augen der Herrenmenschen, falsche Blut floss.

Gegründet wurde Kraft durch Freude im November 1933 als Untergruppe der Deutschen Arbeiterfront. Deren Chef Robert Ley – er sollte sich 1945 in Nürnberger Haft erhängen – trieb das Projekt kräftig voran. Alsbald gehörten zahlreiche Theater, in Wien u. a. Volksoper und Raimundtheater, zum KdF-Verbund. Aber auch Schwimmkurse, Nählehrgänge, Kreuzfahrten etc. wurden angeboten. Ziel war, eine „klassenlose Volksgemeinschaft" auch in ihrer Freizeit zu kontrollieren und gleichzuschalten. Damit waren die Nazis nicht weit von der kommunistischen Idee entfernt.

Die erste von insgesamt fünf geplanten Zentralen staatlichen Erbauungskults sollte das Seebad Prora werden. Nach einer Ausschreibung wurde 1936 der Architekt Clemens Klotz mit der Planung des KdF-Seebades Prora beauftragt; ein passender Name zur zu verbauenden Kubatur. Klotz galt als Günstling Robert Leys, konnte aber

im Vorjahr. In den neuerdings stilistisch nachempfundenen Appartements am Binzer Park kann man Eigentum erwerben und auf Dauer bleiben. Für 1,2 Millionen Euro auf 150 Quadratmetern sogar mit Ausblick aufs Meer. Der weiße Sandstrand ist für stundenlange Wanderungen geeignet. Den Temperaturen nach fühlt es sich aber doch ein wenig an wie ein Hawaii im Kühlschrank. Die inseltypischen Föhrenwälder, von Birken durchsetzt, beginnen nördlich von Binz. Ein mächtiges Seeadlerpaar zieht seine Kreise. Dann rechts abbiegen. Und die Idylle findet rasch ein Ende.

Auf das „KdF-Bad Prora" verweist ein schlichtes kulturaffines Schild. Zum „Miami – der größten Disco auf Rügen" schreit ein anderes. Obgleich die Hütte mittlerweile zu ist. Diese Dialektik kündigt ganz gut an, was den Besucher erwartet – Monkeybusiness, Ruinenlandschaft, Investorenpampa. Und es ist eine Terra ubi leones, eine Region der Löwen. Seit der Privatisierung fechten Investoren mit Geld, Entwicklungsplänen und politischen Beziehungen um das Areal, auch Österreicher waren oder sind darunter.

Das gibt es alles an jedem halbwegs breiten unbebauten und vor allem frei zugänglichen Sandstrand. Doch dieser hier ist fast acht Kilometer lang. Und nicht unbebaut. Hier sollte das Pilotprojekt der nationalsozialistischen Aufbauaktion „Kraft durch Freude" (KdF) entstehen, eine Freizeitanlage, die schon in den Dreißiger-

Der fast fünf Kilometer lange Prora-Komplex hätte 20.000 KdF-Urlaubern gleichzeitig Platz bieten sollen.

Die Zeit scheint stehen geblieben in der Küche des Peršmanhofes.

sches von Wachorganen erschossen. Sie wurde 18 Jahre alt. Ihr Bruder Johi wurde hingegen im April 1944 aus der Gestapohaft entlassen. Er schloss sich den Partisanen an, überlebte den Krieg schwer gezeichnet und verstarb wenige Tage vor seinem 40. Geburtstag."

Der Autor, Komponist und Gründer des Ebriacher Frauenoktetts/Obirski ženski oktet, Valentin Polanšek, hat die tragische Familiengeschichte literarisch aufbereitet, eine historische Bearbeitung ist im Gegensatz zum Massaker auf dem Peršmanhof bis dato noch nicht erfolgt. Valentin Polanšek (1928–1985) hat auch den Gedenkgarten an der Stelle des bis auf die Grundmauern niedergebrannten Wohnhauses angelegt.

„Die Stille ist hier so intensiv, dass man sie hören kann", findet Zdravko Haderlap. In dieser Stille, mitten auf der Lichtung, beginnt er von seinem Vater zu erzählen, der als Elfjähriger zu den Partisanen gegangen ist und von den Nazis kopfüber am Nussbaum aufgeknüpft, drangsaliert und mit dem Umbringen bedroht wurde. Ein Schrecken, von dem der Vater einen lebenslangen Schaden davontrug. „Und dann steht er seinem Peiniger vor Gericht gegenüber und getraut sich nicht, gegen ihn auszusagen", schüttelt Haderlap den Kopf. Das müsse der Moment des größten Scheiterns im Leben seines Vaters gewesen sein.

So viele Menschen, so viele Geschichten. Auch die jenes Florian Sadounig, der bei der SS gelandet ist. Auch das kam vor im Mikrokosmos von Bad Eisenkappel/Železna Kapla. Als Sadounig in jugoslawische Gefangenschaft geriet, schwor er: „Wenn ich das überlebe, baue ich eine Kirche." Auf dem Weg vom Rieplhof weiter zur Luschaalm steht sie jetzt, die „Friedenskapelle", in unmittelbarer Nachbarschaft zu einem schlichten Holzkreuz mit der Inschrift „V spomin Janeza Kurnika 1944". Dass Kurnik, der zunächst Lehrer in Eisenkappel und dann an der ersten Schule von Leppen/Lepena war, als Ortsbauernführer bei der Erstellung der Listen für die Aussiedlung der Slowenen 1942 mitgeholfen hatte, war sein Todesurteil.

Stunden später kommen wir in einen weiteren Graben, auf eine neue Alm und endlich zu einem Haus, das noch bewohnt ist. Zdravko Haderlap erkundigt sich beim Bauern Blajs, ob auf dem Hof, von dem weg die junge Mutter Marija Lipuš verhaftet wurde, jemand daheim ist. Endlich ein Mensch! Und die Fotografin bleibt im Auto sitzen! „Die zwei Bernhardiner sind schuld", hat sie die Angst vor Hunden um das eine, andere, Motiv gebracht. Aus weiteren Begegnungen wird nämlich nichts.

Die Leute wollen nicht reden. Der Schriftsteller Florjan Lipuš, der in dem erschütternden Text „Die Stiefel" von der Verhaftung seiner Mutter im Jänner 1944 schreibt, die er nie wiedersehen sollte (er war damals sechs Jahre, Marija Lipuš wurde nach Ravensbrück deportiert und dort

Das Dach ist frisch gedeckt, das Haus unbewohnt: Peternelhof.

ermordet), hat diesem Schweigen Sprachkunstwerke entgegengesetzt. Zuletzt war Lipuš in dem schmalen, 2013 erschienenen Bändchen „Poizvedovanje za imenom" auf die Suche nach dem Namen der Mutter und nach Leuten, die erzählen. Die erzählen aber nichts oder sehen sich außerstande. Es herrschte zähes, undurchlässiges Schweigen, wie es Lipuš auch in dem Roman „Boštjans Flug" beschrieben hat. So bleibt: „Die Stille, die entstand, als die beiden Gendarmen mit der Mutter hinter der Hausecke verschwanden, war weit herum hörbar."

Dass Zdravko ausgerechnet jetzt stören muss! Jedenfalls wirbelt er herum, deutet auf eine Felswand und greift in die „Mittlere Lade", also eigentlich in die „srednja polica". Es tut sich der nächste Graben auf, der Hudi-Graben. Ein Naturjuwel mit geheimen Pfaden, vorbei an Partisanenbunkern, Wasserfällen und fleischfressenden Pflanzen. „Das ist der rechtliche Ursprung der Zweiten Republik", sagt der 51-Jährige und schaut auf einmal ganz jung aus. „Im Hudi-Graben hat begonnen, worauf sich Österreich nach der Moskauer Deklaration berufen hat: ein organisierter bewaffneter Widerstand", klärt Haderlap auf.

Zur „srednja polica" klettern wir dann nicht, sondern schrauben uns durch den Lobnik-Graben nach Bad Eisenkappel/Železna Kapla hinunter. Die Landschaft ist nicht böse. Sonne im Kessel. Im Radio beginnen gerade die Nachrichten, ein aufgeregt klingender Sportreporter berichtet, dass die Fußballer vom Verein X die 0:1-Niederlage mit psychologischer Unterstützung verarbeiten werden. Eine Chance, die den traumatisierten Menschen in den Gräben verwehrt blieb.

Die Toten vom Monte Sole

Im Frühherbst 1944 richtete die SS unter dem Kommando des Österreichers Walter Reder in der italienischen Kleinstadt Marzabotto ein Massaker an. Die Wunden sind bis heute nicht verheilt. Und doch vergräbt sich der Ort nicht in seinem Schmerz.

STEFAN WINKLER (TEXT)
WOLFGANG ZAJC (FOTOS)

Über ein halbes Jahrhundert lang hat er geschwiegen. Die Trauer und das Entsetzen über das Erlebte haben ihm die Luft abgeschnürt und die Sprache geraubt. „Ich wollte vergessen", sagt Ferruccio Laffi und wischt sich mit dem Handrücken über die Augen. Aber die Erinnerung lässt sich nicht einfach auslöschen. Sie gehorcht ihren eigenen Gesetzen. Wie Knochen steckten Ferruccio all die Jahrzehnte über die Worte in der Kehle. Und eines Tages dann, vor acht Jahren, hat er plötzlich zu reden begonnen. Und da steht er nun, ein alter Herr mit schwieligen Händen und brüchiger Stimme, und erzählt von jenem Herbsttag vor bald 71 Jahren, an dem deutsche SS-Männer seine gesamte Familie ermordet haben.

„Wir waren eine große Familie", sagt Laffi, „und wir haben alle unter einem Dach in Collula di Sotto bei Marzabotto gewohnt, bis zum Tag, als die SS zu uns auf den Hof gekommen ist. Das war am 30. September 1944, einem Samstag. Die Sonne schien, und wir waren bei der Arbeit auf dem Feld. Wir haben die Deutschen schon von Weitem vom Berg herunterkommen gesehen. Mein Bruder und ich haben uns rasch im Wald versteckt. Die Frauen und die Kinder sind mit meinem Vater im Haus geblieben. Er war schon älter, und wir machten uns keine allzu großen Sorgen, weil wir gehört hatten, dass die Deutschen nur nach uns jungen Männern suchten. Aber dann haben wir Schüsse gehört und mitbekommen, wie ein Haus weiter unten in Flammen aufgegangen ist. Erst gegen Abend, als es still war, haben wir uns aus unserem

So viele Tote. So viel Leid. So viel Trauer. Ferruccio Laffi vor der Tafel der Opfer des Massakers in Marzabotto. Der 87-Jährige wird mit dem Erlebten bis heute nicht fertig.

Ferruccio Laffi war 16 Jahre alt, als SS-Männer in Collula di Sotto bei Marzabotto nahezu seine gesamte Familie ermordeten.

Versteck gewagt und gesehen, dass auch unser Haus brannte. Die Tiere sind draußen frei herumgelaufen. Keine Menschenseele war zu sehen. Und ich habe mir gedacht: Seltsam. Dann sind wir in die Tenne, und da haben wir sie liegen sehen: meinen Vater und meine Mutter, zwei Schwägerinnen und die Kinder, mein kleiner Bruder Armando und meine Nichten und Neffen, der jüngste, Giovanni, war erst 29 Tage alt. Neben ihnen lagen die Leichen von zwei weiteren Kindern und zwei Frauen, die bei uns Zuflucht vor den Bombardements in Bologna gesucht hatten. Die Deutschen haben alle, die sie im Haus antrafen, ermordet, alles in allem vierzehn Familienangehörige und die vier Flüchtlinge. Die Hühner haben bereits an den Körpern herumgehackt. Wir haben uns mit den paar Überlebenden von den Nachbarhöfen dann zusammengetan und die Toten gemeinsam begraben. Was ist uns auch anderes übrig geblieben?"

Marzabotto im Frühling. Von berückender Schönheit ist die Landschaft in den Ausläufern des Emilianischen Apennin. Dicht bewaldete Hänge mit jähen Abbrüchen und felsigen Klippen wechseln ab mit Weideland in sattem Grün und von Erosion zerfurchten, mit Kastanien und Eichen bewachsenen Hügeln. Dazwischen Weingärten und Äcker. Hier am Fuß des Monte Sole, eine knappe halbe Autostunde von Bologna entfernt, errichtete das rätselhafte Volk der Etrusker schon vor zweieinhalbtausend Jahren eine Stadt mit Tempeln, Wohnblocks und rechtwinkelig angeordneten Straßen. Die Überreste kann man am südlichen Ortsrand auf einem kleinen Plateau oberhalb des Flusses Reno besichtigen. Aber die wenigsten Leute verschlägt es der antiken Ruinen wegen nach Marzabotto. Wer mit Absicht in den kleinen italienischen Marktflecken kommt, tut das zumeist wegen des Massakers.

„La strage" nennen sie es in Marzabotto – das „Blutbad", und es vergeht keine Nacht, in der die Erinnerung daran den heute 87-jährigen Ferruccio Laffi nicht um den Schlaf bringt. „Ich komme auf und liege lange wach, und was tue ich? Ich denke an diese Dinge." Der alte Mann weint.

Als Vergeltung für den immer stärkeren Widerstand der nach ihrem Erkennungszeichen, einem roten Stern, benannten Partisanenbrigade „Stella Rossa", die den deutschen Besatzern in der Region im Spätsommer 1944 empfindliche Verluste zufügte, ermordeten Einheiten der 16. SS-Panzergrenadierdivision „Reichsführer SS" ab den frühen Morgenstunden des 29. September in einer fünftägigen Strafexpedition in den Ortschaften Marzabotto, Monzuno und Grizzana und den umliegenden Hügeln fast 800 Zivilisten.

Haus für Haus, Gehöft für Gehöft, Weiler für Weiler trieben die SS-Männer die Einwohner der Großgemeinde Marzabotto in Ställen, Kirchen, auf Friedhöfen und im Freien zusammen und töteten sie mit Maschinengewehren und Handgranaten oder ließen sie in den verbarrikadierten Häusern bei lebendigem Leib verbrennen, darunter Alte,

Frauen und Kinder, ja sogar Säuglinge. Marzabotto selbst wurde bis auf die Grundmauern zerstört.

Die systematische Auslöschung sollte als Warnung dienen für alle Orte, die die Partisanen unterstützten. Und das, obwohl die deutschen Truppen bereits auf dem Rückzug vor den von Süden vorstoßenden Alliierten waren. Nur wenige Kilometer nördlich von Marzabotto verlief in den Bergen die von den Deutschen erbittert verteidigte „Gotenlinie", von der jeden Tag das Grollen der Geschütze und das Knattern der Maschinengewehre zu hören war und sich nun mit den Gewehrsalven der mordenden SS-Soldateska vermischte.

Es war das größte Kriegsverbrechen der Deutschen in Italien, und der Mann, der die Strafaktion befehligte, war ein Österreicher, der damals 29-jährige, in Linz aufgewachsene SS-Sturmbannführer und Ritterkreuzträger Walter Reder. Sechs Jahre später, im Jahr 1951, wurde ihm dafür in Bologna der Prozess gemacht, und Reder wurde zu einer lebenslangen Haftstrafe in der Festung Gaeta verurteilt.

Dort saß er 33 Jahre lang in seiner Zelle und schrieb Gnadengesuch um Gnadengesuch, ohne vom italienischen Staatspräsidenten eine Antwort zu bekommen. Irgendwann war der ehemalige SS-Mann der letzte österreichische Kriegsgefangene in Festungshaft, und die verblassende Erinnerung an seine Untaten, geschichtliche Verdrängung und die politische Anbiederung der Großparteien an das Dritte Lager, das den „tapferen" Major Reder bald zur tragischen Symbolfigur einer alliierten Unrechtsjustiz verklärte, führten dazu, dass aus einem der schlimmsten österreichischen Nazitäter in einer grotesken Verkehrung sämtlicher historischer Tatsachen allmählich ein Opfer wurde, der „alte Mann von Gaeta", dessen Freilassung zu erbitten sich sämtliche Regierungen in Wien zur ehrenhaften Pflicht machten.

Im Jahr 1980 wurde Reders Fall von einem Militärgericht im süditalienischen Bari schließlich neu verhandelt, das seine Strafe herabsetzte. Um freizukommen, bat Reder sogar die Einwohner von Marzabotto in einem Brief um Verzeihung: „Die Überlebenden mögen mir glauben, dass auch ich weine und in tiefster christlicher Zerknirschung vor ihrem Gedächtnis niederknie", schrieb er.

Das war im Jahr 1984, und wenig später war Reder tatsächlich ein freier Mann. Am 24. Jänner 1985 wurde er aus dem italienischen Gefängnis entlassen und in einer Geheimaktion mit einer italienischen Militärmaschine nach Graz geflogen, wo er auf dem Flugplatz Thalerhof vom damaligen Verteidigungsminister Friedhelm Frischenschlager mit Handschlag begrüßt wurde. In einer eilig improvisierten Pressekonferenz erklärte der freiheitliche Politiker, er halte es für ein großes Glück, dass im 40. Jahr des Bestehens der Republik der letzte Kriegsteilnehmer aus Österreich nach Hause zurückgekehrt sei. Mit Reders Heimkehr gehöre der Zweite Weltkrieg für das Land endgültig der Vergangenheit an.

Der Sturm an Entrüstung, der daraufhin weltweit losbrach, war gewaltig. Aber auch in Österreich, wo der sozialistische Kanzler Fred Sinowatz, um die fragile Koalition mit der FPÖ zu retten, den Fehltritt seines Verteidigungsministers als Ungeschicklichkeit eines politisch Unerfahrenen kleinredete, war die Empörung groß. Jahrzehntelang hatte Österreich sich als erstes Opfer des Nationalsozialismus präsentiert. Dass ein Kriegsverbrecher wie Walter Reder von einem hochrangigen Vertreter der Regierung wie ein verlorener Sohn empfangen worden war, machte vielen Österreicherinnen und Österreichern zum ersten Mal bewusst, wie brüchig und korrekturbedürftig dieses offizielle Geschichtsbild war.

In Marzabotto empfinden sie Reders Begnadigung und die Umstände seiner Heimkehr nach Österreich nach wie vor als tiefes Unrecht und als Affront. Damals wie heute fühlen sich die Überlebenden des Massakers, ihre Angehörigen und Hinterbliebenen verhöhnt. Dies umso mehr, als Walter Reder ein Jahr nach seiner vorzeitigen Entlassung sämtliche Reuebekundungen widerrief.

„Schon 1951, als Reder in Bologna vor Gericht stand, hat er auf die Frage des Richters, wie er den Tod so vieler Zivilisten rechtfertige, geantwortet: „Wir konnten diese Leute nicht von den Partisanen unterscheiden. Beide trugen keine Uniform." Als der Richter daraufhin nachfragte: Und die Kinder? Warum die Kinder?, da gab Reder zurück: „Die Kinder waren die Partisanen von morgen", erzählt Anna Rosa Nannetti.

Anna Rosa Nannettis Lebensthema sind die Kinder von Marzabotto. Sie selber überlebte das Massaker als 14-monatiges Mädchen.

Und die Kinder? Wie oft hat die ehemalige Lehrerin sich selber diese Frage gestellt! Gerade einmal 14 Monate war Anna Rosa Nannetti alt, als die SS-Todesschwadronen ihren Vater und ihre zwei Großväter erschossen. Sie selber kam nur mit dem nackten Leben davon, weil ihre Mutter sie packte und mit ihr bei Nacht und Nebel über die Berge zu den nahen Alliierten floh. „Für die SS waren wir Untermenschen, Banditen, Bazillen. Wir sollten alle sterben. Alles Leben bei uns sollte ausgelöscht werden. Und mit ihm auch die Zukunft von Marzabotto. Das ist auch der Grund, warum die Kinder sterben mussten. Insgesamt wurden 216 Buben und Mädchen unter zwölf Jahren ermordet, das jüngste Kind war 14 Tage alt."

Mit ihrem schönen grauen Haar, ihren feinen Gesichtszügen und ihrer gewählten Sprache ist Anna Rosa eine beeindruckende, fast hoheitsvolle Erscheinung, eine echte italienische Signora. Im Vorjahr ist sie zum ersten Mal Großmutter geworden. „Ein Mädchen, das schönste Kind der Welt, so schön wie alle Kinder", erzählt sie und lacht. Zwei Bücher über das Blutbad von Marzabotto hat die 71-Jährige in den letzten Jahren herausgebracht mit Berichten von Kindern, die wie sie das Massaker im Frühherbst 1944 überlebt haben.

Wir stehen in Pioppe di Salvaro, einer kleinen Ortschaft in der Nähe von Marzabotto, im Hof einer alten Hanffabrik vor einem mit Wasser gefüllten Betonbecken. „La Botte", heißt die Stelle im Volksmund, „der Bottich". Es ist der Ort, an dem Anna Rosas Vater und mit ihm Dutzende anderer Männer im Kugelhagel der SS starben.

Die Deutschen hatten am Abend des 29. September alle männlichen Einwohner des Weilers und der umliegenden Dörfer zusammengetrieben und über Nacht in einen Stall bei der Kirche gesperrt. Am nächsten Tag wurde selektiert. Die Jungen und Kräftigen wurden zum Bahnhof getrieben, in Viehwaggons gepfercht und zur Zwangsarbeit nach Deutschland verschleppt. Alle anderen Männer wurden zu der Botte geführt, wo sie sich entkleiden mussten, ehe die SS sie mit Maschinengewehren niedermähte. „Nur drei Personen haben durch Zufall überlebt. Sie haben nachher erzählt, dass einige Männer in SS-Uniform im Bologneser Dialekt fluchten", erzählt Nannetti.

An einer Mauer vor der Botte erinnert eine Gedenktafel an das Verbrechen. Anna Rosa zeigt auf einen Namen: „Guido Nannetti, mein Vater. Er war 35 Jahre alt." Was bedeutet es, ohne Vater aufzuwachsen, Signora? Sie: „Ich habe nichts Außergewöhnliches erlebt. Es war so normal für uns, ohne Vater aufzuwachsen und arm und unglücklich zu sein. Ich hatte immerhin noch meine Mutter. Andere Kinder waren ganz allein."

Unauslöschlich wie ein Feuermal hat sich die Abwesenheit der Männer und Frauen, die dem großen Morden des Jahres 1944 zum Opfer fielen, in die kollektive Psyche von Marzabotto eingebrannt. Bis heute. Aber nicht nur, dass die Eltern,

Großeltern, Geschwister und Ehepartner den Familien abgingen. Häufig wurden die Hinterbliebenen der Getöteten von den Behörden diffamiert und benachteiligt. „Man hat uns die Schuld für das Massaker gegeben, und die Leute haben gesagt: Ihr habt das verdient, denn ihr habt ja keine Ruhe gegeben", erzählt Anna Rosa Nannetti.

Weil man ihnen im Ort keine Arbeit gab, mussten manche Überlebende nach dem Krieg sogar auspendeln. So wie Salvina Astrali, die mit ihrer Tochter Maria in einer kleinen Wohnung außerhalb von Marzabotto lebt und voll Verbitterung erzählt, dass es ausgerechnet ein ehemaliger Faschist gewesen sei, der ihr nach langer Suche schließlich einen Job in Bologna verschafft habe. „Acht Verwandte von mir wurden von der SS im Weiler Caprara oberhalb von Marzabotto ermordet, darunter meine Mutter und drei Schwestern. Von uns Kindern haben nur drei überlebt. Ich, weil mich mein Vater auf der Flucht vor den Deutschen nach Hause zurückgeschickt hat, um die Kühe zu holen. Und zwei meiner Schwestern, die sich während des Massakers hinter einer umgestürzten Vitrine verbergen konnten und einen ganzen Tag neben der toten Mutter und den leblosen Geschwistern gelegen sind. Als die zwei mir auf der Straße entgegengehumpelt sind, habe ich sie zunächst gar nicht erkannt, so furchtbar waren beide zugerichtet. Die eine hatte eine schwere Verbrennung an den Augen. Sie war blind. Und der anderen hatte eine deutsche Kugel eine faustgroße Wunde ins Gesäß gerissen. Beide waren voll mit Blut und Fet-

Die alte Hanffabrik von Ploppe di Salvaro ist einer von über 100 Schauplätzen der Kriegsgräuel, die Soldaten der 16. SS-Panzergrenadierdivision in Marzabotto und Umgebung verübten.

Salvina Astrali ist eine starke Frau. Sie musste ihre drei Kinder allein aufziehen. Verzeihen kann sie nicht.

zen von Fleisch. Einer klebte noch das Hirn unserer kleinen Schwester Anna Rosa im Haar. Die zwei waren so traumatisiert, dass sie nie mehr zu einem normalen Leben zurückgefunden haben."

Salvina war zum Zeitpunkt des Massakers 16 Jahre alt. Sie wurde auch nach dem Krieg vom Unglück verfolgt. Ihr Mann Augusto wurde 1949 von einer Mine getötet, die die Deutschen vergraben hatten. Unter großen Entbehrungen musste sie ihre drei Kinder allein aufziehen. „Nicht einmal eine Witwenpension haben sie mir gegeben, denn beim Begräbnis meines Mannes haben viele rote Fahnen geweht."

Die Teilung der Welt in zwei Blöcke und der aufziehende Kalte Krieg ließen es den von der Democrazia Cristiana geführten Regierungen in Rom schon sehr bald nach Kriegsende politisch inopportun erscheinen, die von den Deutschen verübten Blutbäder und Morde groß zu thematisieren. Die junge Bundesrepublik sollte im Kampf gegen die Sowjetunion zum antikommunistischen Bollwerk ausgebaut werden und der Nato beitreten. Deshalb wurden wichtige, noch von den Alliierten angelegte Akten, mit denen man Hunderte deutsche Kriegsverbrecher, darunter auch die Nazi-Schergen von Marzabotto, überführen hätte können, von italienischen Beamten in den Fünfzigerjahren in einen Schrank im Palazzo Cesi, dem römischen Sitz der Militärstaatsanwaltschaften, weggesperrt und erst fast ein halbes Jahrhundert später, im Jahr 1994, wiederentdeckt.

„Das Massaker von Marzabotto wurde im Nachkriegsitalien zu etwas, worüber man nicht mehr reden durfte, sagt Gian Luca Luccarini. „Und wenn wir es trotzdem getan haben, dann hat man uns gesagt: Was behauptet ihr Kommunisten aus Marzabotto da! Das ist völlig unmöglich! Das hat es nie gegeben!"

Gian Luca ist Präsident der Opfervereinigung von Marzabotto, ein höflicher und bescheidener Mann um die 60 mit Brille und Bart. Sein Vater war bei den Partisanen und nach dem Krieg als Kommunist verschrien, obwohl er gar keiner gewesen sei, erzählt Luccarini. „Wie viele andere in der Gegend hier war er ein einfacher Bauernsohn, der nur nicht zu den faschistischen Schwarzhemden wollte und deshalb in die Wälder ging." Gian Luca selber ist ein Nachgeborener, der mit großer Leidenschaft gegen das Vergessen kämpft. Seit vielen Jahren führt er Besucher durch die Ruinen von San Martino di Caprara hoch oben am Monte Sole, wo acht nahe Verwandte von ihm von der SS ermordet wurden, und da ist keine Routine. Der Ort ergreift ihn immer noch.

Es ist Nachmittag. Wir stehen auf dem Friedhof von San Martino vor dem Grabstein der Familie Luccarini. Die Sonne scheint, und Insekten schwirren durch die Luft. „Als ich Kind war, erzählte mein Vater zu Hause oft von seiner Mutter und seinen Geschwistern, die nicht mehr da waren", berichtet Gian Luca. „Eines Tages habe ich begriffen, dass mein Vater von den verblassenden Fotografien und von den Namen sprach, die da auf dem Stein standen, und mir ist erst da bewusst geworden, was das für unsere Familie bedeutete. Ab diesem Zeitpunkt hat mich nur mehr die Gerechtigkeit interessiert." Denn nur, wo Gerechtigkeit geübt werde, könne auch verziehen werden.

Wir verlassen den Friedhof von San Martino. Kreischend fällt das eiserne Tor ins Schloss, und Gian Luca führt uns an die Rückseite des Gevierts, zu der Stelle an der Mauer, an der die SS den Priester Don Giovanni Fornasini zu Tode prügelte. Den Kopf des jungen Geistlichen fand man erst Monate später. Mit Fornasini starben in diesen Tagen am Monte Sole zwei weitere katholische Geistliche, Ferdinando Casagrande und Ubaldo Marchioni, den die Deutschen am Altar der nahen Kirche von Casaglia erschossen, ehe sie 84 Pfarrangehörige, die im Gotteshaus Zuflucht gesucht hatten, auf dem nahen Friedhof niedermähten.

Für Gian Luca und für viele Bewohner von Marzabotto war es ein Akt von später Gerechtigkeit, als im Jänner 2007 ein italienisches Militärtribunal in La Spezia in Abwesenheit zehn ehemalige SS-Offiziere wegen des Blutbades von Marzabotto zu lebenslanger Haft verurteilte. Weil sich Deutschland beharrlich weigerte, das Urteil anzuerkennen, musste zwar keiner der hochbetagten Männer tatsächlich ins Gefängnis. „Der Prozess war dennoch ein Wendepunkt" glaubt Anna Rosa Nannetti. „Und das nicht nur, weil wir Überlebenden, die wir so lange geschwiegen hatten, nun geredet und vor

Gian Luca Luccarini hatte die Gnade der späten Geburt.
Spät kam er erst dahinter, dass die Verwandten, von denen sein
Vater sprach, die auf den Grabsteinen von San Martino waren.

Gericht ausgesagt haben. Wir waren 100 Kläger, und es war das erste Mal, dass wir einander auch selber viele Dinge erzählt haben. Sondern weil die Richter endlich auch die Dokumente, die mehr als zehn Jahre davor im ‚Schrank der Schande' in Rom wiederaufgefunden worden waren, öffentlich verlesen haben und die ganze Welt gesehen hat, dass wir keine Lügenmärchen erzählt haben. Das war eine große Befreiung für uns!"

Aber verspüren sie, die Überlebenden von Marzabotto und ihre Angehörigen, keinen Hass auf die Täter, die nie für ihre Verbrechen sühnen mussten? Anna Rosa Nannetti: „Ich kenne keinen Hass, nur Abwesenheiten, eine große Leere, die mich von Zeit zu Zeit überkommt." Ihr Leben sei von den Ereignissen von damals vorherbestimmt worden. „Aber ich sage Ihnen eines: Wie weise waren doch unsere Angehörigen. Sie wollten nicht, dass wir zu hassen lernen. Wenn wir sie gefragt haben, warum wir keinen Vater oder keine Großmutter haben, dann haben sie nicht geantwortet, dass das die Deutschen gewesen seien. Sie haben uns gesagt: ‚Das war der Krieg. Und selbst wer den Krieg gewinnt, siegt nur, weil er tötet.' Selbst über die Leute im Dorf, die sich während des Massakers und danach schäbig verhalten hatten – und auch solche gab es –, hätten ihre Leute nie ein schlechtes Wort verloren, sagt Nannetti. „Denn wir gingen mit deren Kindern ja in die Schule."

Im Friedhof von Casaglia kann man an den Grabsteinen und an den schmiedeeisernen Kreuzen bis heute die Einschusslöcher der Maschinengewehrkugeln sehen, mit denen die SS ihre wehrlosen Opfer durchsiebte. Manche Geschoße haben sich nur eine Armlänge über den Boden entfernt in die Steine gebohrt. Hier standen die Kinder.

Auch im Abstand von so vielen Jahren ist das alles schwer zu ertragen. Es ist Abend am Monte Sole, die Sonne steht tief, und die Schatten der Kreuze auf dem kleinen Gottesacker von Casaglia werden immer länger. Seit dem Massaker ist hier niemand mehr begraben worden, außer Don Giuseppe Dossetti, einem der christdemokratischen Väter der neuen italienischen Republik nach 1945 und späteren Gründer einer kleinen Kommunität von geistlichen Brüdern, die sich einen Steinwurf vom Friedhof entfernt in einem der von der SS zerstörten verwaisten Gehöft ansiedelte.

„Diese Orte hier werfen viele Fragen auf", sagt Fratel Luca von der Piccola Famiglia dell'Annunziata. „Welchen Sinn hat das Zeugnis der Ermordeten, hat ihr Leiden und ihr Schmerz für uns und die Nachwelt? Und was ist mit der Gegenwart Gottes?"

Seit 29 Jahren lebt Bruder Luca hier am Monte Sole. Hat er eine Antwort auf seine Fragen gefunden, darauf, wie Gott das alles zulassen konnte? Der Ordensmann denkt lange nach: „Es gibt keine Antwort", sagt er dann. „Aber der Glaube kann uns hier trotzdem weiterhelfen."

Steinerne Wundmale. Auf den Grabsteinen kann man bis heute die Spuren der Maschinengewehrsalven sehen, mit denen die SS die hier zusammengetriebenen Dorfbewohner niedermähte.

Anna Rosa hat Trost in der Religion gefunden. „Meine Mutter war sehr fromm. Sie hat mir ihren Glauben weitergegeben." Andere dagegen verloren ihr Gottvertrauen und wurden ungläubig. Bis heute erzählen sie sich rund um den Monte Sole die Geschichte von dem Mann, der mit eigener Hand zuerst seine Frau und seine Kinder und dann sämtliche Heiligenfiguren und -bilder begrub.

Erzählungen wie diese gibt es in Marzabotto viele, und über fast allen liegt wie ein Schatten die eine große Frage – die Frage nach der Vergebung. Mit großer Mehrheit haben die Einwohner bei einer Befragung seinerzeit Reders Begnadigung abgelehnt. Das ist jetzt viele Jahrzehnte her und Reder ist schon lange tot. Wie steht es, heute um das Verzeihen?

Ferruccio Laffi wählt seine Worte mit Bedacht. „Vergebung", sagt er, „ist eine sehr persönliche Sache. Jeder soll das machen, was er will. Ich selber habe nichts gegen Deutsche. Vor allem die Jungen sollen sich nicht schuldig fühlen. Die können nichts dafür. Aber ich bin den Verbrechern böse, die mein Leben zerstört haben. Diese Leute haben nie bereut, und deshalb kann ich ihnen auch nicht verzeihen."

Auch die 87-jährige Salvina Astrali wird mit dem Erlebten nicht fertig. „Ich sage es Ihnen ganz ehrlich", meint sie. „Vergeben, das kann ich nicht. Ich habe so viel ertragen müssen. Selbst wenn die

Täter mich um Vergebung bitten würden. Ich werde ihnen nie verzeihen. Nie!"

Und doch haben die Bewohner von Marzabotto, haben Salvina, Ferruccio, Anna Rosa und alle die anderen hier Ungenannten nicht gewollt, dass der Ort sich in seinem Schmerz und in seiner Trauer in sich selbst verkrümmt. Vor Jahren schon haben sie auf dem Monte Sole eine Friedensschule gegründet, in der Jugendliche und Erwachsene aus aller Welt, darunter auch Israelis und Palästinenser, in Seminaren lernen können, wie man Konflikte löst.

„Die Trauer und die Klage haben uns von Beginn an begleitet", sagt Anna Rosa Nannetti. „Aber es geht uns gut. Denn das hier ist unser Zuhause. Hier liegen unsere Toten begraben. Und sie sind immer bei uns. Ich werde oft gefragt, wie wir es geschafft haben, mit der Erinnerung an all diese schrecklichen Dinge zu leben. Die Antwort lautet: Weil wir eine Gemeinschaft waren und uns gegenseitig geholfen haben. Wir haben gemeinsam geweint, und irgendwann haben wir wieder gemeinsam zu lachen begonnen. Vor allem aber haben wir nie die Erinnerung verweigert. Wir haben nie aufgehört, uns zu erinnern, und deswegen haben wir es geschafft, den Blick wieder nach vor in die Zukunft zu richten."

Von spektakulärer Schönheit ist die Hügellandschaft rund um den Monte Sole. Würde man es nicht besser wissen, käme man nie auf die Idee, dass sie Schlimmes verbirgt.

Der Geist der Lagerstraße

*Die „Lagerstraße"
als Wurzelstock
der Großen Koalition:
Heldengeschichte der
österreichischen Demokratie
oder gut konservierter
Mythos? Eine Spurensuche.*

**KLAUS HÖFLER (TEXT)
MARIJA KANIŽAJ (FOTOS)**

Irgendetwas bremst. Hält den Fuß zurück. Lässt ihn nur widerwillig über die Türschwelle gehen. Der letzte Schritt auf den Ziegelboden mag nicht gelingen. Ein unbewusstes Zögern. Dann doch. Hinein in den Raum, der keine Luft zum Atmen lässt. „Brausebad" steht über dem Eingang. Ein Superlativ des Zynismus. Aus den fünfzehn kreisrunden, in drei Reihen und strenger Symmetrie in die Decke gesetzten Auslassungen floss nie Wasser, sondern Zyklon B – ein Schädlingsbekämpfungsmittel, dessen Wirkstoff Blausäure bei Menschen nach kurzem Atemholen die Zellatmung im Körper zum Stillstand bringt. Inneres Ersticken nennt es die Medizin. Bilder springen ins Gedächtnis von nackten, bis auf die Knochen ausgemergelten Leichen mit aufgerissenen Mündern und leeren Augen, aufgestapelt auf Leiterwägen oder in Erdgruben geworfen und verscharrt. Binnen zwanzig Minuten konnten in der Gaskammer 150 Menschen exekutiert werden, rechnet das Schild am Eingang kühl vor. Auch ohne Gas fällt das Luftholen schwer. Die niedrige Decke, man kann sie mit ausgestreckten Armen erreichen, die fensterlosen Mauern, der mit Geschichte vollgestopfte Raum scheinen den Sauerstoff zu verschlucken. Immer noch.

„Nach Dachau! Ins Konzentrationslager!" schreit einer mit angsterfüllter Stimme, als klar wird, wohin die Reise führt. Vom Gefangenenhaus auf der Roßauer Lände geht es, eingepfercht in Mannschaftsbusse der Polizei, über die Mariahilfer Straße zum Westbahnhof. Es ist der Abend des

Endstation des Irdischen: Das Krematorium am Rande des Lagers.

1. April 1938. Am nächsten Morgen treffen die Waggons mit den ersten österreichischen Häftlingen in Dachau nördlich von München ein. Penibel hat die Gestapo-Leitstelle Wien die Namen der Gefangenen aufgelistet – von „Adam, Walter, Oberst a.D." bis „Zenz, Franz". 150 Personen sind es insgesamt. „Der Abtransport hinterließ bei allen Sicherheitswachebeamten einen gewissen psychischen Eindruck, hervorgerufen durch das Dabeisein der eigenen ehemaligen hohen und höchsten Vorgesetzten", heißt es in dem Polizeibericht über den Transport. Unter Spitzenbeamten, Sportlern und Unternehmern auf der Liste zu finden: Nummer 143, Leopold Figl, und Nummer 25, Alfons Gorbach, zwei spätere Bundeskanzler der Republik, sowie Franz Olah, dereinst Gewerkschaftsbundpräsident und Innenminister, Nummer 125. Als Baumeister der Zweiten Republik finden sie sich später in den Geschichtsbüchern wieder. Dort werden die Erstdeportierten auch „Prominententransport" genannt – wegen der hohen Dichte an bekannten Persönlichkeiten.

„Aber die österreichische Gemütlichkeit ist schon am Westbahnhof zu Ende", erinnert sich Max Siegelberg. Das System entmenschlicht den Journalisten auf der Gestapo-Liste zur Nummer 139, später wird „Schutzhaftjude Nummer 13877" aus ihm. „Faules, verjudetes und verpfafftes Kaffeehausgesindel" verhöhnt das Wachpersonal der berüchtigten SS-Totenkopfstandarte „Oberbayern" die Österreicher. Es bleibt nicht bei den Beschimpfungen. „Es begann eine Spezialbehandlung. Sie bestand aus einer Unzahl von Ohrfeigen, stundenlangem Ins-Licht-Starren, Kniebeugen, Fußtritten, Gebrüll, blutigen Gesichtern, Gewehrkolben in den Zähnen", steht im Häftlingsbericht von Viktor Matejka, dem späteren KPÖ-Kulturstadtrat Wiens. „Viele von uns hatten am Ende dieser ‚Reise' so zerschlagene Gesichter, dass sie nicht mehr einem menschlichen Antlitz glichen", erzählt Fritz Bock, zwischen 1956 und 1968 Handelsminister der Republik, von der Mischung aus Zwangsarbeit, Folter, Prügel, Dunkelhaft. „Stacheldraht, mit Tod geladen, ist um uns're Welt gespannt", beschreibt der junge Dichter Jura Soyfer in dem im Lager entstandenen „Dachaulied" die gespenstische Kulisse. Und weiter: „Keiner zählt mehr Tag und Wochen, mancher schon die Jahre nicht (...) Schlepp den Stein und zieh den Wagen, keine Last sei dir zu schwer. Der du warst in fernen Tagen, bist du heut' schon längst nicht mehr." Zu den Demütigungen der Häftlinge gehört auch das „Strafestehen". Stunden-, manchmal auch nächtelang und bei jedem Wetter müssen sie auf dem Appellplatz antreten.

Der Appellplatz. Wieder so ein atemloser Ort an der Nahtstelle zwischen Geschichte und Gegenwart. Nicht die Enge ist es, die hier beklemmend wirkt, sondern die Weite. Sie macht die Dimension des Schreckens erahnbar. Auf mehr als 30.000 Menschen schwillt die Zahl der Häftlinge bis Ende 1945 an. Meist kommen sie in Gruppen. Damals sind es Gefangene, heute Schüler, die über das Geviert marschieren. Schließt man die Augen, macht es keinen Unterschied. Das rhythmische Scharren

„Stacheldraht, mit Tod geladen, ist um uns're Welt gespannt...": Aus dem Dachaulied von Jura Soyfer, der im Juni 1938 ins Lager kam.

der bunten Turnschuhe im Schotter klingt wie der Gleichschritt-Takt schwerer Soldatenstiefel oder zerschlissener Häftlingsschuhe. Ein seltsam gespiegeltes Echo des damaligen Schreckens. Ansonsten erschöpft sich das Annähern an das Gestern vielfach in Schweigen. Den Jugendlichen ist im Schatten von sieben Wachtürmen und kilometerlangen Stacheldrahtzäunen nicht nach ;-)) oder /LOL/.

Nur der Mann in der Bibliothek, hager, mit stechendem Blick und streng zurückgekämmtem Haar, wirkt seltsam aufgekratzt. Die Feiern zum 70. Jahrestag der Befreiung des Lagers sorgen bei ihm an diesem sonnigen Apriltag für innere Unruhe. Auch, weil im sogenannten Jourhaus, dem ehemaligen Eingangsgebäude zum KZ, das Haupttor immer noch fehlt. Unbekannte hatten die schwarze, schmiedeeiserne Tür mit dem zweizeiligen Schriftzug „Arbeit macht frei" in der Nacht auf 2. November 2014 gestohlen. Motiv? Täter? Hintergrund? Der Museumsmann zuckt drei Mal mit den Schultern. Zwar wurden von den Dieben mehrere Zigarettenstummel und DNA-Spuren am Zaun gefunden, Zeugen wollen in der Nacht von Männern mit skandinavischem und polnischem Akzent um den Weg gefragt worden sein, wollen ein dunkles und ein helles Auto gesehen haben. Das Tor aber, ohnehin nur eine Replika, bleibt verschwunden. Rechtzeitig zum Jubiläum soll jetzt ein Nachbau kommen.

Die einzigen beiden Baracken, die den Appellplatz Richtung Norden begrenzen, sind ebenfalls nicht original. Als Anschauungsobjekte für die damalige Wohnsituation funktionieren sie dennoch. An die übrigen Holzbaracken erinnern heute nur noch betonierte Umrandungen der Grundmauern. Die hundert Meter langen Einfassungen sind durchnummeriert. 1 bis 34. 17 auf der linken Seite, 17 auf der rechten. Eine Ordnung, die Übersicht über den Terror und Unabhängigkeit von den Fundamenten der Zivilisation schafft. Dazwischen eine von Birken gesäumte Allee: die Lagerstraße. Der fein geschotterte, schnurgerade Weg führt direkt ins Heute Österreichs.

Die Lagerstraße gilt als Ikone der Gründungsgeschichte der Zweiten Republik. Sie funktioniert als Synonym für die Konsenspolitik der Nachkriegszeit. Hier, im Schatten der Baracken, haben prominente politische Häftlinge aller Lager bei konspirativen Treffen die Grundfesten der Republik gezimmert, gespeist aus den gemeinsam erlittenen Entbehrungen, durchlebten Demütigungen und überlebter Gewalt. Heißt es. Tatsächlich fanden sich hier in Dachau vor allem führende Köpfe des bürgerlichen Lagers wieder. Von sozialdemokratischer und kommunistischer Seite sind es nur wenige. Der Geist der Lagerstraße – ein Mythos?

Faktum ist, dass der in diesen Tagen in Konzentrationslagern wie Dachau und Mauthausen von den politischen Häftlingen zusammengemischte demokratische Kitt, der das Gemeinsame vor das Trennende stellt, der Gewaltenteilung statt Gewalttätigkeit zur Prämisse politischen

Handelns hochschraubt, in wechselhafter Intensität die Parteien Österreichs bis heute aneinanderklebt. Knapp 60 der 70 Jahre Zweite Republik ist die SPÖ Teil der Regierung oder gar allein an der Macht, die ÖVP kommt auf bisher fast 54 Regierungsjahre, 42 davon in einer Koalition mit der SPÖ. So etwas prägt. Die Parteien selbst, aber auch das Land, das in einer bipolaren Lagerdenke heranwächst.

Österreich – das ist seit dem Zweiten Weltkrieg vor allem ein Österrot und ein Österschwarz. SPÖ und ÖVP formten zwillingshafte Säulen der Verwaltung und des öffentlichen Lebens. Wo ein ÖVP-Proponent saß, wurde ein SPÖ-Pendant installiert – und umgekehrt. Durch intensive Verflechtung mit den typischen Vorfeldorganisationen der Parteien eine sehr nachhaltige Konstruktion. Es gibt rote und schwarze Personal-, Pflege-, Senioren- und Frauenorganisationen, die rot dominierte Arbeiterkammer und die schwarz bestimmte Wirtschaftskammer. Auch wenn sich vieles neutralisiert hat, ganz übermalt sind die Parteifarben bis heute nicht. Auf die Berge kraxelt man mit den roten Naturfreunden oder dem unabhängigen, aber in bürgerliche Kreise bestens vernetzten Alpenverein. Lahmt das Auto, wird man entweder vom roten Arbö oder schwarzen ÖAMTC abgeschleppt, lahmt der Körper, dann vom roten Arbeitersamariterbund oder dem schwarzen Roten Kreuz. Ja nicht einmal im Kernbiotop unseres Hurrapatriotismus – dem Sport – geht's ohne Parteisirup: Er wird zur roten Askö

Mahnmal gegen das Vergessen.

oder schwarzen Union verdünnt. Innerhalb dieser roten und schwarzen Paralleluniversen hat sich eine Politik der kurzen Wege etabliert. Man wirtschaftet mit Freunderln und pflegt eine Haberer-hallo-Mentalität. Das Einsetzen von Gewährsleuten als Instrument des Machterhalts gehört zum guten Ton. Alles ein Erbe der Lagerstraße?

Hannes Schönner zögert. Der Historiker rückt seine Brille zurecht, streicht sich mit der Hand durchs graumelierte Haar und blickt, nach einer adäquaten Formulierung suchend, aus dem Fenster seines Büros im Wiener Karl-von-Vogelsang-Institut. „Es ist schwer, den Geist der Lagerstraße heute noch zu beleben", bleibt er vorsichtig. „Nicht bei jedem zeitgenössischen Thema gelingt ein authentisches Bemühen." Schönner leitet das Archiv des Hauses, das in Büchern, Festschriften, Aufsatzbänden und Broschüren die Geschichte der christdemokratischen Parteien konserviert, in Österreich demnach das Vermächtnis der ÖVP in Wort und Bild pflegt. Durch das Bürofenster sieht Schönner die bauliche Kulisse für diesen Auftrag: die Parteiakademie im Springer-Schlössl, einer einst arisierten und später restituierten Vorstadtvilla in einem auf großzügigen 40.000 Quadratmetern angelegten Park in Gehweite zum Schloss Schönbrunn. Der Oberstgartenmeister von Kaiserin Maria Theresia soll das Areal als Erster kultiviert haben, ist man hier stolz auf die eigene Geschichte. Offener Kamin, elegant geschwungene Holztreppe, roter Spannteppich, schummrige Wandleuchten auf dunklen Furniervertäfelungen. „Leopold Figl Saal", „Julius Raab Saal", „Josef Klaus Zimmer" – es sind die Titanen der Bewegung, die den Räumen in mattgold schimmernden Lettern ihre Namen geben. Prunkvoll lastet das Erbe des Gestern auf den Schultern des Parteinachwuchses von heute, der sich an diesem Vormittag tapfer gegen die Trägheit der Tradition stemmt. Auf tischgroßen Papierblättern werden in Gruppenarbeiten Ideen und Modelle für eine funktionierende Zukunft aufgemalt. An die Lagerstraße denkt hier niemand. „Natürlich verblasst manches und berührt aus der zeitlichen Distanz nicht mehr so intensiv, vielfach ist es nur mehr etwas für historische Feinschmecker", kratzt Archivar Schönner an der, wie er sagt, „Patina der Geschichte". Einer Geschichte, an der der Zufall mitschreibt.

„Auch mein Name wurde aufgerufen", erinnert sich Bruno Kreisky in seinen Memoiren an die April-Tage 1938. Der sozialistische Jungfunktionär, seit zwei Wochen inhaftiert, meldet sich. Nichts passiert. „Es gibt eine alte Regel, die sich auch im Gefängnis bewährt hat: Man soll, wenn man einmal aufgerufen wird, dann aber nicht mehr, sich ja nicht vordrängeln und fragen, ob das ein Versehen sei. Das kann schlecht ausgehen", schreibt Kreisky. Er meldet sich nicht. Es geht gut aus. Am 21. September 1938 verlässt er Wien Richtung schwedisches Exil. Acht Jahre später kehrt Kreisky erstmals nach Österreich zurück, elf Jahre später ist er Außenminister der Zweiten Republik, 1970 Bundeskanzler. Und eine rote Ikone. Kaum ein Lebenslauf in der sozialdemokratischen Beletage kommt in der Kategorie „Vorbild" ohne Kreisky aus. Die Namen Klima, Gusenbauer oder Faymann fallen dagegen kaum jemandem ein. Nicht einmal den Geschichtsschreibern der eigenen Partei. In einer offiziellen Hitparade von 70 Höhepunkten der letzten 70 Jahre Parteihistorie kommen die Kanzler Viktor Klima und Alfred Gusenbauer nicht einmal vor.

Wien-Altmannsdorf, ein weitläufiger Park, ein Teich, altes Villengemäuer, eine ausladende Steintreppe, ein Gartenhotel. Die spiegelbildliche SPÖ-Entsprechung zum Springer-Schlössl der ÖVP. Auch hier gibt eine Parteiakademie den Hausherrn, selbst wenn die mondäne Hülle des Renner-Instituts nicht ganz ins klassische Bild einer Arbeiterpartei passt. Auch hier umtriebige Nachwuchsfunktionäre als Seminarpublikum vor dem Hintergrund einer übermächtigen Vergangenheit, deren Geist immer wieder beschworen wird. Da wie dort ein schwieriger inhaltlicher Spagat. „Von Figl zu Mitterlehner, von Kreisky zu Faymann – den Bogen muss man erst einmal schaffen", hört man einen mit sarkastischem Unterton räsonieren. Gemeinsam leiden die einstigen Großparteien an programmatischer und personeller Aushöhlung des Apparats, gemeinsam sieht man sich aber nicht als Täter, sondern Opfer einer allgemeinen Politikverdrossenheit. Auch das verbindet.

„Einen Schmarren sind wir überflüssig, man braucht die Sozialdemokratie mehr denn je", poliert Michael Häupl mit der Lässigkeit eines grantelnden Heurigenwirts das Selbstwertgefühl seiner Genossen. Beim Festpublikum kommt das gut an. 70 Jahre Sozialdemokratie gilt es an diesem Abend zu feiern. Im Roten Salon des Wiener Rathauses haben sich am 14. April 1945 unter dem Vorsitz des späteren Bundespräsidenten Adolf Schärf die alte Sozialdemokratie und die Revolutionären Sozialisten auf einen gemeinsamen Weg geeinigt. Der Kreißsaal der SPÖ: getäfelten Holzdecke, drei Prunkluster, rote Seidendamasttapete, auf gemütlich getrimmte Sitzgruppen.

Drei Tage später im Prälatensaal des Schottenstifts an der Freyung. Wie sich Worte und Bilder gleichen. Prunkluster an der Decke, dunkle Ölmalerei an der Wand. Auch hier wird 70. Geburtstag gefeiert, auch hier die eigene Bedeutung für die Geschichte und Zukunft der Republik beschworen. Am 17. April 1945 wurde hier die ÖVP gegründet. So die formelle Verortung. Informell ist es ein Weingarten in Grinzing. In der Cobenzlgasse 101 trafen sich die Gründerväter der Partei zu ersten konstruktiven Gesprächen. „Genau genommen ist dieser Garten die Geburtsstätte der Volkspartei", erinnert sich der damalige Arbeitnehmervertreter Lois Weinberger.

Die Reblaus-Romantik wird durch abenteuerliche Anekdoten rund um den Schulterschluss mit den Landesparteien angereichert. So muss der erste Kurier, den die ÖVP zur Verbindungsaufnahme in die westliche Besatzungszone

In der „neutralen Zone": Geschossen wurde ohne Vorwarnung.

schickt, noch durch die bitterkalte Enns schwimmen, um die Demarkationslinie illegal zu überqueren. In weiterer Folge werden ÖVP-interne Pläne verworfen, im Westen eine Gegenregierung zur von SPÖ-Vorsitzendem Karl Renner geführten Koalition zu installieren. Stattdessen verzichtet VP-Obmann Leopold Figl trotz absoluter Mandatsmehrheit nach der ersten Nationalratswahl 1945 sogar auf eine Alleinregierung, um das Zusammenwirken aller relevanten politischen Kräfte zu garantieren. Nicht erst 70 Jahre später eine Unvorstellbarkeit.

Dieses politische Biedermeier der Anfangsjahre sorgt für Stabilität und unterfüttert das Zusammenwachsen Österreichs im Inneren. Der Gleichschritt der Großparteien setzt sich im Kümmern um Kriegsheimkehrer und in der Frage der Entnazifizierung fort.

Historiker Schönner beginnt wieder an der Patina der Geschichte zu kratzen: „Die Frage nach Schuld, Sühne und Wiedergutmachung hatte sich mittelfristig jenen nach Verwendbarkeit und politischer Integration unterzuordnen." Keine Partei konnte es sich leisten, nicht in diesem Stimmenreservoir zu angeln. Das demokratische Ziel, Wahlen zu gewinnen, „rechtfertigte das Werben um Stimmen ehemaliger Nationalsozialisten", analysiert Schönner.

Der politische Ehrgeiz und die direkte Betroffenheit teils ranghoher Funktionäre in beiden

Lagern vernebeln so lange den Blick auf die Vergangenheit. Auch ein Erbe der Lagerstraßen-Generation. Eines, das wenig Raum für Stolz lässt.

Die Selbstgenügsamkeit des Systems erschwert nicht nur den Umgang mit der eigenen Geschichte, sondern auch mit gesellschaftlichen Veränderungen. Aus den Klassenparteien der Ersten Republik werden in den roten Sektionen und schwarzen Bünden zwar im Laufe der Jahre breiter aufgestellte Volksparteien. Das vergrößert die gemeinsame Schnittmenge, befeuert aber auch Grabenkämpfe und den Drang zu Revierabsteckungen. Sie beginnen schon bei der Nationalratswahl 1949 und dem Verlust der ÖVP-Absoluten. „Es erschien richtig, die Sozialisten stärker als bisher mit Mitverantwortung zu belasten", heißt es in einem analytischen Rückblick in einem ÖVP-Jubiläumsband. Regierungsverantwortung als Last – die ideologische Unbeschwertheit der Aufbaujahre schwindet. Gleichzeitig steigt die Wählermobilität. Die Sozialstruktur wird flüssig. Die tradierte Aufteilung der österreichischen Welt in zwei parteipolitische Hemisphären erweist sich zusehends als Hypothek, öffnet den Raum für einen Mix aus demokratiepolitischer Normalisierung und parteipolitischer Radikalisierung.

„Nie wieder" steht auf einem Mahnmal auf dem Appellplatz in Dachau.

„Großmutter, ich habe dir ein Gesicht gegeben"

Sie wurden als minderwertig angesehen und vernichtet. Zehntausende Behinderte und psychisch Kranke wurden im Schloss Hartheim vergast. Wie die Großmutter von Ursula Hauer, die jahrzehntelang nichts vom Schicksal ihrer Großmutter gewusst hat. Nicht nur die Täter, auch die Angehörigen der Opfer schwiegen.

CARINA KERSCHBAUMER (TEXT UND FOTOS)

Sonnenlicht fällt in den Hof des Schlosses, jenes Schlosses im Herzen der idyllischen Gemeinde Alkoven in Oberösterreich, in dem zwischen 1940 und 1944 30.000 Menschen vergast und verbrannt worden sind. Das Sonnenlicht an diesem warmen Frühlingstag 2015 ist hell und klar und wirkt gleichzeitig düster. Und unpassend. Unpassend für diesen Ort des Schreckens, des Grauens, diesen Ort des Zivilisationsbruchs. 30 Schritte vom Innenhof entfernt warten jene Gewölbe, die den Besucher an die Innereien eines Ungeheuers erinnern, ein kurzer Gang, an dessen Ende Leben vernichtet wurde. Ein kleiner Raum, umschlossen von wuchtigen Mauern. Mauern als bleibende, stumme Zeugen, die die Schreie, die Angst, die Ohnmacht Zehntausender Behinderter und KZ-Häftlinge in sich tragen, für immer in sich tragen werden. Einige Fußschritte entfernt hängt auf einer der Wände des Lern- und Gedenkortes Schloss Hartheim das Foto jenes Arztes, der die geistig und körperlich Behinderten aus Heimen aus Wien, Graz, Innsbruck und anderen Städten Österreichs und Deutschlands in die Gaskammer schickte. Auf der Wand gegenüber eine Statistik von NS-Offizieren. Berechnungen über das Einsparvolumen, das sich durch die Tötung „unnützer Menschen" ergab. Von Ermordeten ist nie die Rede. Die Ermordeten werden „Desinfizierte" genannt. Da heißt es: „Bis zum 1. September 1941 wurden desinfiziert: Personen: 70.273".

Detailliert wird auf einem schon gelb verfärbten Papier aufgelistet, wie viel sich das Reich

Schloss Hartheim, von 1940 bis 1944 ein Ort des Zivilisationsbruchs. 30.000 Behinderte und KZ-Häftlinge wurden hier ermordet und verbrannt.

durch die „Desinfektion" bei einer Lebenserwartung von noch zehn Jahren an Kartoffeln, Zucker, Brot, Marmelade, Mehl, Butterschmalz, Teigwaren, Hülsenfrüchten, Gemüse, Salz, Eiern und sonstigen Kosten erspart. Am Ende der Zahlenkolonnen steht eine Zahl. Eine Zahl monströser Bösartigkeit, die sich wie ein Ungeheuer in die Augen des Besuchers bohrt: 885.439.800 RM.

885 Millionen Reichsmark als Einsparung durch erfolgte „Desinfektion". Unmittelbar neben dieser Zahl blicken Gesichter den Besucher an. Es sind jene Menschen, die hinter den Berechnungen stehen. Helene Adler, Elsa Baumgartner, Anton Zsivkovics aus Stinatz, Alfons Benkner, geboren am 21. Mai 1910. Auf seiner Karteikarte steht: „Hochgradig geistesschwach, VS-Besuch fast ohne allen Erfolg. Zu keiner Tätigkeit zu gebrauchen."

Ein Mensch, der als unbrauchbar eingestuft wurde. Eine Einstufung, die ihn das Leben kostete. 1941 wurde er in Hartheim vergast. Wie Maria Eisenrauch, eine Frau mit dunklem Haar, die nachdenklich den Besucher anblickt. Vergast wegen ihrer psychischen Erkrankung. Und eine von Tausenden, die vergessen wurde, eine von Tausenden, an die sich über Jahrzehnte auch Angehörige nicht erinnern wollten.

Ulrike Hauer blickt mit ihren blauen Augen in die Ferne. Ulrike Hauer ist die Enkelin von Maria Eisenrauch. Sie ist froh, dass das Treffen nicht im

Schloss Hartheim, sondern in der sieben Kilometer entfernten Bezirkshauptstadt Eferding stattfindet. Selbst beim Vorbeifahren löst der Anblick des Schlosses jedes Mal Beklemmung in ihr aus.

Die 62-jährige ehemalige Volksschullehrerin ist eine von vielen Angehörigen, die über Jahrzehnte ahnungslos gewesen ist. Bis zu ihrem 50. Geburtstag hatte sie die zweite Frau des Großvaters für ihre Großmutter gehalten. Keiner hat ihr je gesagt, dass die Großmutter zu den Opfern des NS-Euthanasieprogramms zählte. Mit 50 ist sie hellhörig geworden, als ihr Vater plötzlich erzählte, die Großmutter sei in Ostdeutschland vergast worden. Die Firmpatin sagte wiederum, dass ihre Großmutter ganz sicher in Hartheim gestorben sei. Damals sei, erzählt sie mit leiser Stimme, zunächst eine enorme Wut in ihr aufgestiegen, dass sie jahrzehntelang belogen worden sei und keiner ihr das Schicksal der Großmutter erzählt habe. Sie wollte dann alles über den Weg ihrer Großmutter wissen und hat heute ihrer Mutter ein wenig das Schweigen verziehen. „Ich glaube, dass sie mich beschützen wollte und auch, dass sie sich geschämt hat und Angst vor Vererbung hatte."

Nach den vorliegenden Akten lautete die Diagnose Schizophrenie. Über elf Jahre lang hat sich Ulrike Hauer mit dem Schicksal der Großmutter beschäftigt. Zwischendurch, sagt sie, habe es immer wieder Phasen gegeben, in denen sie mit ihren Nachforschungen aufhören wollte. „Die

Ulrike Hauer, Enkelin der ermordeten Maria Eisenrauch:
„Es darf kein Vergessen geben."

Seele macht einen großen Bogen um alles, was schwer zu verkraften ist. Da fühlt man, dass man das alles nicht ertragen kann."

Als sie das erste Mal eine Führung im Schloss gemacht hat, konnte sie keine Fragen stellen. Sie konnte nicht sprechen. Sie sah die Gaskammer, sie sah den Krematoriumsraum, in dem sich der Ofen befunden hatte, in den immer zwei bis acht Tote geschoben worden sind. Sie wusste, dass in diesen Räumen die Knochen, die nicht verbrannten, in einer Knochenmühle zerkleinert wurden und die verbliebene Asche zunächst in die Donau geschüttet worden ist. Später wurde sie im Schlossgarten vergraben, um den Fragen der Bewohner von Alkoven zu entgehen, ob das die Asche von verbrannten Menschen sei.

Ulrike Hauer weiß, dass jeder in Alkoven über das Grauen Bescheid wusste. Es geht ihr nicht darum, anzuklagen. „Ich weiß nicht, wie mutig ich zu dieser Zeit gewesen wäre", meint sie. Sie würde aber gern eine Studie über die Einwohner von Alkoven, dieser kleinen, mit ihren grünen Feldern so idyllischen Gemeinde, erstellen lassen, wenn sie genug Geld hätte.

Wichtig ist ihr eines gewesen. Sie wollte ihre Großmutter aus der Vergessenheit zurückholen. „Heute", sagt sie und blickt wieder in die Ferne, „kann ich sagen: Großmutter, ich habe dein Leid und deine Persönlichkeit inmitten von 30.000 Ermordeten herausgeholt und sichtbar gemacht."

Heute blickt die Großmutter im Parterre des Schlosses Hartheim die jährlich 18.000 Besucher an. Ulrike Hauer hat ein Foto gefunden und es der Leitung des Vereins Schloss Hartheim gegeben. „Ich habe meiner Großmutter ein Gesicht gegeben", sagt sie. Sie streicht ihre blonden Haare zurück, überlegt und meint nach Minuten der Stille, es wäre ihr wichtig, dass auch ihre zwei Kinder einmal zur jährlichen Gedenkveranstaltung am 1. Oktober kommen.

Eine Gedenkfeier, die in den ersten 40 Jahren ausschließlich von den Angehörigen jener KZ-Häftlinge organisiert und besucht worden ist, die ebenfalls in Hartheim ermordet wurden. Das Schweigen über Hartheim, meint der Leiter des Vereins Schloss Hartheim, Florian Schwanninger, habe es nicht nur in den Täterfamilien oder bei jenen gegeben, die Zeugen wurden, sondern auch in den Familien der geistig und körperlich behinderten und psychisch kranken Opfer.

In Alkoven wird heute noch gerne geschwiegen. Bis in die Siebzigerjahre sei „das alles ein Tabuthema" gewesen und danach auch kein Thema, meint der Bürgermeister der Gemeinde, Gabriel Schuhmann. Im Eingangsbereich des Rathauses prangt ein großes Schild mit der Aufschrift „Gesundes Alkoven". Die Gemeinde, erklärt Schuhmann, bemühe sich, bewusst zu machen, wie wichtig gesunde Ernährung und Sport seien. Ob die Gemeinde je Initiativen setzte für die Aufarbeitung der Zeit bis 1945? „Nein", sagt er fast schroff.

Opfer der NS-Euthanasie mit Maria Eisenrauch (Mitte).

Der Weg in die Gaskammer der Tötungsanstalt Schloss Hartheim.

Die Geschichte des Schlosses sei auch keine Last oder Belastung. „Wenn es belastet, müsste man wegziehen. Es ist aber das Gegenteil der Fall, wir sind eine Zuzugsgemeinde mit heute 5600 Einwohnern."

Es sei auch nie ein Thema gewesen, eine Gedenkfeier zu initiieren. „Es ist totgeschwiegen worden, und meist ist es damit abgetan worden, dass man sagte: Da haben s' einmal Leut' verbrannt. Auf Nachfrage hat es im Volksmund geheißen: Das waren lauter Idioten, die Depperten. In der Art: Um die war eh nicht schad." Er überlegt kurz und fügt hinzu: „Die Alten haben es alle gewusst, aber nach dem Krieg geschwiegen, weil sie Nazis waren, und wenn sie es nicht waren, haben sie nichts gesagt, weil sie genug von dieser Zeit hatten." Es seien auch nicht viele gewesen, die aus dieser Gegend „dort umgekommen sind", erklärt er den Umgang der Gemeinde mit der Geschichte des Schlosses. Er selbst wünscht sich, dass das Schloss für immer Mahnmal bleibt.

Selbst als das Schloss 1999 saniert und vom Land Oberösterreich 2003 als Lern- und Gedenkort eröffnet wurde, änderte sich wenig. Man sei, sagt der Bürgermeister, vor allem froh gewesen, dass das desolate Renaissanceschloss, in dem seit den 1950er-Jahren sozial Bedürftige günstig gewohnt hatten, nicht mehr weiter verfiel. Das Schloss führe aber, meint er, ein Eigenleben, ohne im Ort wirklich integriert zu sein. Eine Erklärung hat er dafür gefunden: „Man wollte es abgeschlossen und nichts mehr damit zu tun haben."

Vom Massenmord im Schloss haben damals alle in Alkoven gewusst. Als der schwarzgraue Rauch aufstieg, immer mehr Menschen in Bussen ins Schloss gebracht worden sind, der Geruch aus den Schornsteinen in die Häuser zog, hieß es: Sie verbrennen wieder. Der Bürgermeister weiß, wovon er spricht. Die Landwirtschaft der Eltern und Großeltern grenzt unmittelbar an das Schloss. Die Fenster des Hofs seien, erzählt er, mit Zeitungspapier ausgestopft worden, weil der Geruch der verbrannten Körper und Haare schrecklich gewesen sei. Ein Onkel des Bürgermeisters, Ignaz Schuhmann, zählte zu den wenigen Widerstandskämpfern. Er wurde 1944 festgenommen und 1945 wegen Vorbereitung zum Hochverrat und Wehrkraftzersetzung hingerichtet.

Als Held wurde Ignaz Schuhmann in Alkoven aber lange nicht gesehen. Selbst sein Vater, der Großvater des heutigen Bürgermeisters, Ignaz Schuhmann senior, der 1945 Bürgermeister von Alkoven wurde und wenig später über die Tötungsanstalt Hartheim befragt wurde, erzählte bei der Befragung nichts vom Widerstand seines Sohnes.

Gabriel Schuhmann, Jahrgang 1954, erinnert sich, dass er als Kind nie wie die anderen Kinder vor dem Schloss spielen durfte. Das Schloss war von Großeltern und Eltern zur Sperrzone erklärt worden. Jahre später hat er die Gründe dafür erfahren. Im Hof, erzählte ihm der Vater, seien immer wieder, wenn die Sogwirkung im Kamin des Schlosses zu stark war, Haarbüschel von vergasten Menschen gelegen.

Laut erzählt hat das niemand, nur leise. Im Wirtshaus des Ortes waren bei einer Versammlung alle Einwohner gewarnt worden, sie müssten mit Konsequenzen rechnen, wenn sie Lügen verbreiten. Und die Tötung von Menschen im Schloss sei eine Lüge. Die Ermordung Behinderter, die Aktion T4, sollte geheim bleiben.

T4, die Abkürzung für die Zentralstelle in der Tiergartenstraße 4 in Berlin, von wo das Tötungsprogramm in den sechs Anstalten der nationalsozialistischen Euthanasie-Kampagnen gegen lebensunwertes Leben geplant wurde, kannte in Alkoven niemand. Die damals weniger als 2000 Einwohner sahen nur die Busse, die tagtäglich Menschen ins Schloss brachten und leer zurückfuhren. Einem von ihnen gehörte eine graue Nickelbrille, einem anderen ein weißer Rosenkranz. Sie liegen heute in einer Vitrine des Schlosses. Achttausend persönliche Gegenstände ermordeter Menschen, die vor 13 Jahren bei Grabungsarbeiten gefunden wurden. 8000 Brillen, Kreuze, Rosenkränze, die erinnern. Und anklagen.

In Eferding steht Evamaria Taferner im Garten ihres Hauses, weist mit der Hand auf einen blühenden Kirschbaum und freut sich über die

Evamaria Taferner wurde noch vor 20 Jahren angefeindet, weil sie über Hartheim schrieb.

Blütenpracht. Sie ist 86 Jahre alt, hat vier Töchter, elf Enkelkinder und zwei Urenkel. Über die Schatten der Vergangenheit weiß sie viel zu berichten. Vor mehr als 20 Jahren hat sie selbst begonnen, darüber zu schreiben, über das Schloss, ihre Erinnerungen als Jugendliche, als sie die schwarzgraue Wolke über Alkoven schweben sah. „Es haben", sagt sie, „nicht nur in Alkoven, es haben auch in Eferding alle gewusst, dass dort Menschen verbrannt werden, aber keiner hat etwas gesagt. Wer will schon gerne sterben." Nicht einmal ihre Eltern, erzählt sie, hätten je in dieser Zeit mit ihr darüber gesprochen.

Sie hat weißes Haar, lebhafte Augen, und es quält sie heute noch die Frage, was richtig gewesen wäre. Ob es richtig gewesen sei, dass ein Familienvater von fünf Kindern, den sie gut gekannt hat, Widerstand geleistet hat. Er wurde wie Ignaz Schuhmann hingerichtet. „Im Sinne der Kinder wäre es besser gewesen, er hätte auf das Märtyrertum verzichtet. Als Vater hatte er die Verantwortung, für seine Familie, seine Kinder zu sorgen und nicht Held zu sein", meint sie. Sie blickt auf das satte Grün ihres Gartens und fragt sich leise: „Was ist richtig? Ich weiß es nicht."

Die 86-Jährige besucht nahezu jede Veranstaltung im Schloss. Als sie über Hartheim ein Buch zu schreiben begann, meinten Bekannte: „Schreib doch etwas Gescheiteres." Sie sei, erzählt sie, selbst so lange Zeit nach dem Krieg deshalb noch angefeindet worden. Sie schrieb,

Sie klagen an: Brillen und Kreuze ermordeter Menschen, die 2002 bei Grabungsarbeiten gefunden wurden.

weil sie gegen das Vergessen ankämpfen will. Enkel, Urenkel, alle müssten wissen, was passiert sei. „Manchmal", sagt sie, „neigt man dazu, alles vergessen zu wollen, aber nur eine Kultur des Erinnerns kann die Menschheit davor bewahren, aus der Geschichte nichts gelernt zu haben." Sie beginnt heftig den Kopf zu schütteln, während sie von der Rede des Bischofs von Münster, Clemens August von Galen, erzählt. 1941 hat er in einer Predigt laut von der Tötung Behinderter gesprochen und gefragt, was mit den Soldaten passieren werde, die als Krüppel, als Invalide zurückkehren werden, wenn „man die unproduktiven Mitmenschen gewaltsam beseitigen darf". Sie breitet ihre Arme weit aus und ruft laut: „Da haben viele erst begriffen, was passiert und wohin das führt."

Sie bedauert, dass von der Gemeinde Alkoven keine Initiativen zur Aufarbeitung gestartet wurden. „Das hat aber", meint sie, „einen guten Grund. Die Vergangenheit liegt wie Blei auf den Einwohnern. Da gibt es selbst von jenen noch ein schlechtes Gewissen, die nichts damit zu tun hatten."

Sie selbst wurde in die Zeit des Grauens zurückgeholt, als sie in den 1990er-Jahren Briefe von Eltern ermordeter Kinder gelesen hat. Briefe, in denen Eltern die Leitung von Hartheim fragten, woran ihre Kinder gestorben seien. Das hat Erinnerungen wachgerüttelt. In dem Erzählband „Neben dem Krieg" schildert sie eine Zugfahrt, die in Alkoven vorbeiführt. Da beschreibt sie das plötzliche Schweigen im Abteil, als die dunkle Wolke über dem Schloss sichtbar wurde.

Für eine Schulklasse hat sie vor Kurzem dieses Kapitel ihrer Erzählungen kopiert und sich über das Engagement der Lehrer gefreut. Die Neue Mittelschule von Alkoven liegt nur wenige hundert Meter von der ehemaligen Tötungsanstalt Hartheim entfernt, das Schloss haben die Lehrer heute im Unterricht integriert. „Früher fuhren wir nach Mauthausen, heute besuchen wir Hartheim", erzählt eine Lehrerin. Zur Eröffnung des Lern- und Gedenkortes Hartheim im Jahr 2003 haben Schüler 30.000 Steine aus der Donau geholt, einen Stein für jeden Ermordeten und jede Ermordete. 30.000 Steine, die heute wenige Meter von der Gaskammer entfernt in einer Glasvitrine geschlichtet sind.

Für die letzte Gedenkfeier haben 14-jährige Schüler auf Bitte des Vereins Hartheim wieder einen Beitrag gestaltet. Anna, eine der Schülerinnen, hat damals erstmals ihre Urgroßmutter gefragt, woran sie sich erinnern könne. Sie konnte sich an vieles erinnern, nicht nur an die vorbeifahrenden Busse. Die 14-Jährige sitzt in der dritten Reihe ihrer Klasse und fragt sich, warum die Urgroßmutter nie zuvor darüber geredet hat und erst zu erzählen begann, als sie sie fragte. „Dass da etwas Grausames passiert ist, habe ich vorher schon gewusst, aber jetzt ist es anders", meint sie.

Schülerin Anna Lehner

Die Ausstellung „Wert des Lebens" im Schloss, die die Situation behinderter Menschen vom Beginn der Moderne mit der Klassifizierung nach ökonomischer Brauchbarkeit bis heute zur Forderung nach Gleichstellung zeigt, haben sich alle Schüler angeschaut. Das Schloss will heute nicht nur Ort der Erinnerung sein, sondern vor allem auch ein Ort des Widerstandes gegen aufkommende Tendenzen, bestimmten Menschen das Lebensrecht abzusprechen. Gegen Tendenzen, die unter dem Deckmantel des Selbstbestimmungsrechtes am Ende des Lebens die Legalisierung der aktiven Sterbehilfe fordern oder Mütter behinderter Kinder unter Druck bringen, einen Abbruch vornehmen zu lassen. Oder sie in einen Rechtfertigungsdruck bringen, erklären zu müssen, warum sie sich für ein behindertes Kind entschieden haben.

Die Ausstellung zeigt Wirkung. Kein Mensch, sagt die 14-jährige Yvonne, ebenfalls Schülerin der Neuen Mittelschule Alkoven, habe das Recht, zu bestimmen, was lebenswert und was lebensunwert sei.

Fragen über lebenswertes und lebensunwertes Leben, über die Aussonderung behinderten Lebens stellt der Verein Schloss Hartheim seit Jahren in den Mittelpunkt seiner Arbeit. „Es geht nicht um platte Analogien, dass die heutige Genetik an das NS-Regime anschließt, aber es geht um die Klassifizierung brauchbar und nicht brauchbar, lebenswert und lebensunwert, es geht um die Sensibilisierung für ungeborene, behinderte, kranke und alte Menschen", erklärt Florian Schwanninger die Ziele des Vereins.

Er hat sich daran gewöhnt, dass der Verein mit seinen Aktivitäten ein Fremdkörper in Alkoven geblieben ist. Ohne Initiativen aus dem Ausland, sagt er in seinem Büro im zweiten Stock des Schlosses, hätte es keine Erinnerungsveranstaltungen gegeben. Eine schlüssige Theorie für die Gründe hat der Historiker noch nicht gefunden. Er versteht aber, dass die Menschen aus dem Ort sich sagen, dass sie nichts dafür konnten, dass das Schloss als Tötungsanstalt ausgewählt worden ist. Es habe auch niemand aus dem Ort in der Anstalt gearbeitet. „Vielleicht", sagt er, „besteht die Angst, dass dieses Kainsmal auf ewig mit dem Dorfnamen assoziiert wird."

Seit zehn Jahren arbeitet er im Schloss. Das Schweigen der Familien der Opfer hat ihn lange beschäftigt und beschäftigt ihn heute noch. „Die ermordeten Behinderten haben hier jahrzehntelang keine Rolle bei den Gedenkfeiern gespielt, da ging es ausschließlich um die ermordeten KZ-Häftlinge. Die Familien der psychisch kranken Opfer hatten selbst Probleme damit. Psychisch Kranke waren stigmatisiert."

Heute stehen die ermordeten Behinderten im Mittelpunkt. Heute bezeichnet Tobias Moretti auf einer der Tagungen Hartheim als Synonym für das Zeitlose. Er zitierte einen Arzt der Gegenwart, der meinte, Auftrag der Ärzte sei, Eltern vor der Last des behinderten Kindes zu bewahren. „Das Begriffspendant für das, was früher Sozialhygiene hieß", meinte Moretti im Schloss Hartheim, „ist heute überspitzt formuliert Gesundheitsökonomie. Die moralische Indifferenz ist da und die Bequemlichkeit. Das ist ein Nährboden."

Wer den quadratischen Innenhof von Schloss Hartheim verlässt und in die pralle Sonne dieses Frühlingstages vor das Eingangstor tritt, sieht lachende Schüler, die vor dem Schlosscafé ihre Jause essen und Cola trinken. Bedient werden sie von Behinderten, die im Café arbeiten. Am anderen Ende des Feldes trotzt das Institut Hartheim, in dem Behinderte betreut werden, der Vergangenheit. Florian Schwanninger beginnt leise zu lächeln und meint: „Wir sind unübersehbar mitten im Ort und dennoch nicht verankert. Aber verankert sind die Behinderten."

Ulrike Hauer würde sich eine Verankerung von Hartheim nicht nur in Alkoven, sondern in allen Köpfen dieser Welt wünschen. Sie wünscht sich, dass nichts in Vergessenheit gerät. „Aber niemand weiß," sagt sie, „ob das Nichtvergessen, ob Aufklärung eines Tages helfen wird." Nach einer kurzen Pause meint sie leise: „Da möchte ich gerne Optimist sein."

Das große Tabu

Nach dem Krieg wollte niemand in Israel über den Holocaust reden. Erst der Prozess gegen Adolf Eichmann zwang die Israelis, sich dem Grauen zu stellen. Heute ist Yad Vashem der zentrale Erinnerungsort des Landes.

GIL YARON (TEXT)
APA/PICTUREDESK (FOTOS)

Endlich kann man aufatmen. Man blinzelt heftig in der grellen Mittagssonne, die Augen haben sich in der letzten Stunde an die Dunkelheit im Schreckensstollen im Innern des Berges gewöhnt. Dabei reicht schon allein der Horror aus, den die Holocaust-Gedenkstätte Yad Vashem in ihrem Museum in Jerusalem nüchtern dokumentiert, um die Pupillen eines jeden Menschen in einer natürlichen Stressreaktion auf Belladonnagröße zu weiten. Und dann das: Das Gemüt ist aufgewühlt, und vor einem liegen sanft rollende, grüne Hügel mit vereinzelten gesprenkelten roten Ziegeldächern friedlicher kleiner Dörfer wie Ein Karem, dem Geburtsort von Johannes dem Täufer. Es ist nicht das einzige Paradox, das in diesem Augenblick im Schädel um Begreifen bettelt: In den Ohren hallt scheinbar noch das Stakkato-Peitschen von Hitlers Hasstiraden nach, noch summt eine alte Aufnahme der israelischen Nationalhymne, die Überlebende des Völkermords an den Juden auf dem hoffnungsvollen Weg in ihre neue Heimat Israel sangen. Und über all das legt sich hier auf der Terrasse am Ende des Museums das fröhliche Gezwitscher unzähliger Vögel. Der Kontrast ist Absicht: Auch 70 Jahre nach dem Zweiten Weltkrieg versteht der Staat Israel sich selbst in erster Linie als Gegensatz zur und Antwort auf die Schoah.

Das war nicht immer so. Der Staat der Juden rang lange mit der Frage, wie mit dem Völkermord der Nazis umgegangen werden sollte. Erste Berichte über den Holocaust erreichten Palästina

Junge Israelis im Holocaust-Museum Yad Vashem in Jerusalem.

nach einem Gefangenenaustausch 1942. 69 Juden aus Palästina und 301 Deutsche, Teil der Templergemeinde, kehrten in ihre Heimat zurück. Die Juden waren 1939 in Polen vom Krieg überrascht worden. Gemeinsam mit Verwandten und Freunden saßen sie in den Ghettos Osteuropas fest. Nach ihrer Rückkehr berichteten sie von einem Lokomotivführer, den sie an der russischen Grenze trafen und der ihnen erzählte, dass er Züge voll mit Juden an einen Ort mit besonderen Gebäuden gebracht habe, an dem sie mit Giftgas getötet würden. Neben dem kleinen, unbekannten polnischen Dorf würden die Leichen danach in drei Krematorien verbrannt. Oświęcim nannte der Lokomotivführer das Dorf auf Polnisch. Später wurde es in aller Welt unter dem Namen Auschwitz bekannt. Die Führung der Zionisten in Palästina war schon bald voll im Bilde über die Katastrophe, die die Juden in ihrer alten Heimat heimsuchte. Der spätere Staatsgründer David Ben Gurion schrieb in sein Tagebuch, er befürchte, eines Tages könnte kein Volk übrigbleiben, um den angestrebten Staat noch zu bewohnen. Verzweifelt versuchte die Führung der Zionisten in Palästina, zur Rettung der Juden Europas beizutragen – vergebens. Ihre Mittel waren unerheblich, ihr Einfluss auf die Alliierten unwesentlich.

So plagten die Zionisten von Anfang mit Schuldgefühle gegenüber den Schoahüberlebenden – die oft niemand anders waren als ihre eigenen Verwandten oder Freunde, die sie bei der Auswanderung nach Palästina in Europa zurückgelassen hatten. Doch das Verhältnis zum Holocaust war weitaus komplexer. Die zionistischen Pioniere hatten von Anfang an nicht bloß die Errichtung eines jüdischen Staates verfolgt. Sie wollten einen anderen Menschenschlag, einen „neuen Juden", schaffen. Rabbiner sollten zu Bauern werden: „Juden am Pflug, Juden mit der Sense, breitschultrig, hochbeinig, kurzhosig, mit nackten Armen". Die eckigen, glatt rasierten Gesichtszüge der zionistischen Propagandaposter kontrastierten bewusst mit dem blassen Antlitz bärtiger orthodoxer Juden. Der „neue Hebräer" sollte nicht nur zu seinen geografischen Wurzeln in Palästina, sondern auch zu seinen biblischen Wurzeln und den wehrhaften Makkabäern zurückkehren. Max Nordau, einer der wichtigsten Führer der zionistischen Bewegung, wollte aus den „Nerven-" oder „Talmudjuden", den blassen „Judenleichen" der Ghettos, „Muskeljuden" machen, die in die Fußstapfen der wackeren Hebräer treten: „Knüpfen wir wieder an unseren ältesten Überlieferungen an: werden wir wieder tiefbrüstige, strammgliedrige, kühnblickende Männer", forderte Nordau. Die jüdischen Bewohner Palästinas, die vor Kriegsausbruch nur 0,5 Prozent der Juden weltweit ausmachten, sahen sich als Avantgarde, als Wegbereiter eines historischen Wandels.

Die wehrlose Opferrolle der Juden in der Schoah widersprach den Idealen der militant säkularen Zionisten. Religiöse Juden mochten das Hanukkafest als göttliches Wunder feiern, das bei der Rückeroberung des Tempels vor 2200 Jahren ein klei-

Viele, die dem Tod im Lager entkamen, trugen schwer
an der Last des Überlebens.

nes Fässchen geweihtes Öl acht Tage lang brennen ließ. Nicht so die Zionisten: „Uns geschah kein Wunder, wir haben kein Ölfass gefunden – wir tragen die Fackeln und bringen das Licht!", heißt es in einem ihrer Lieder. Nicht Gottvertrauen – Selbstvertrauen!, lautete die Devise. Der neue Israeli war die hemdsärmelige und wehrhafte Antithese, die auf 2000 Jahre Geschichte Unterdrückung jüdischer Diaspora verächtlich herabblickte. Eine ganze Generation lernte die Zeilen des Nationaldichters Nahman Bialik auswendig: „Euer Tod in der Diaspora hat ebenso wenig Sinn wie Euer Leben dort." Wenn überhaupt, dann identifizierte man sich mit den jüdischen Widerstandskämpfern der Ghettos von Wilna oder Warschau. Überlebenden der Vernichtungslager warf man hingegen vor, sie hätten sich „wie Lämmer auf die Schlachtbank" führen lassen. Die Medienberichterstattung über die Nürnberger Prozesse 1945–1949 war deswegen kühl-distanziert. Israelische Zeitungen stützten sich, wie die Ankläger, hauptsächlich auf die Sichtweise der Täter. Jüdische Opfer waren in dieser Berichterstattung nur ein passives Objekt und dienten nicht einmal als Zeugen. Diese offensichtliche Geringschätzung war auch Ausdruck der Anschuldigung, die Juden der Diaspora trügen eine Mitschuld an ihrer Vernichtung. Hatten sie nicht die Möglichkeit ausgeschlagen, rechtzeitig nach Palästina einzuwandern und auf diese Weise das zionistische Projekt zu stärken? Wären sie früher ins Land gekommen, hätten sie nicht nur sich selbst gerettet, sondern den Aufbau der nationalen Heimstätte oder „den

Beginn unserer Erlösung", wie es in neuen Gebeten heißt, mit vorantreiben können.

Die Überlebenden, die nach Palästina kamen, verinnerlichten diesen Vorwurf. Der Autor Mark Dworzecki fasste das 1946 in seinem Aufsatz „Wie hast Du überlebt?" in bewegende Worte: „Es scheint mir, als sei ich mit einem Kainsmal behaftet, das niemals ausradiert werden kann. ... ich meine die Schande, überlebt zu haben, wenn alle anderen tot sind. ... es ist mir unmöglich, den Fragen zu entkommen ... Ich höre die Stimmen der Toten, die mir sagen: ‚Wir wurden ermordet ... und du lebst?' Gewissen, bitte sag mir, welche Antwort soll ich ihnen geben?"

Eine Antwort kam in Form von Gesetzen, wie dem „Gesetz zur Bestrafung von Nazis und ihren Kollaborateuren". Es wies viele Besonderheiten auf: Es bezog sich auf Verbrechen, die vor dem Erlass des Gesetzes begangen wurden, außerhalb von Israel und gegen Juden, die nicht israelische Staatsbürger waren. Personen konnten für Taten angeklagt werden, für die sie bereits verurteilt worden waren. Ferner verjährten Naziverbrechen nicht. Indem die Opfer einen Teil der Schuld auf sich nahmen, gaben sie sich der Illusion hin, dass sie in der Schoah nicht bloß hilflose Opfer gewesen waren. In den Fünfzigerjahren war man in Israel in den „Kapoverfahren" damit beschäftigt, das „eigene Lager zu säubern", so Justizminister Pinhas Rosen.

So trieb ein Gerichtsprozess den Umgang mit der Schoah voran. Dr. Rudolph Kastner war in Budapest Leiter des jüdischen Rettungskomitees gewesen, das dabei geholfen hatte, während des Krieges jüdische Flüchtlinge in Nachbarländer zu schicken. Doch 1944, als Adolf Eichmann nach Ungarn versetzt wurde, schlug die letzte Stunde des ungarischen Judentums: In knapp zwei Monaten ließ Eichmann rund 500.000 Juden deportieren und ermorden. Unter diesen unmöglichen Bedingungen versuchte Kastner zu retten, wen er konnte, und verhandelte mit Eichmann. Es gelang ihm, einen Zug mit 1685 Juden zu retten und 15.000 Juden nach Strasshof in Österreich zu verfrachten. Der Zug wurde als VIP-Zug bekannt – Kastner hatte wenige Passagiere persönlich ausgesucht.

In Israel angekommen, machte Kastner eine bescheidene Karriere im Staatsapparat. Sein Wunsch, für die Knesset zu kandidieren, wurde von einem Pamphlet gefährdet, das Malkiel Gruenwald im Jahr 1952 veröffentlichte. Gruenwald hatte etwa 50 seiner Familienmitglieder in der Schoah verloren und machte Kastner dafür verantwortlich: „Kastner muss getötet werden! Er ist verantwortlich für den Mord an meinen Brüdern!", schrieb Gruenwald. Kastner wollte das Flugblatt ignorieren, aber der Generalstaatsanwalt zwang ihn, entweder von seinem Posten als Sprecher des Handels- und Industrieministeriums zurückzutreten oder Gruenwald zu verklagen. Der Prozess dauerte 19 Monate bis zum Juli

1955, neben Kastner saß symbolisch die zionistische Führung auf der Anklagebank. Sie hatte angeblich nicht genug zur Rettung der Juden getan. Das Urteil des regimekritischen Richters Benjamin Halevi erschütterte Israel. Mit seinen Verhandlungen mit Eichmann habe Kastner „seine Seele an den Teufel verschachert". Der Mann, der versucht hatte, Menschen zu retten, wurde zum Komplizen abgestempelt. Kastner legte Berufung ein. Seinen Freispruch, den der höchste Gerichtshof im Jänner 1958 aussprach, erlebte er nicht mehr. Im März 1957 wurde Kastner vor dem Eingang seines Hauses erschossen. Doch sein Freispruch erfüllte eine wichtige Funktion. Die Richter erklärten, dass „nicht jeder Akt der Kooperation als Kollaboration gedeutet werden sollte". Endlich schüttelte Israel seinen Opferschuldkomplex ab. Von nun wurde den meisten klar, dass nur die Nazis allein für den Mord an den Juden verantwortlich gewesen waren.

Doch die Mehrheit der Überlebenden war nicht auf Rache aus, sondern auf einen Neuanfang, um die Schrecken der Vergangenheit zu vergessen. Die Überlebenden, die bald ein Viertel der israelischen Bevölkerung ausmachten, wollten nicht mehr als letzte Juden Europas gelten, sondern als Teil der ersten Israelis. Ihre Rache bestand aus der Gründung neuer Familien und dem Aufbau der Wirtschaft, Armee und Kultur ihrer neuen Heimat. Die Schoah wurde im Land der Opfer totgeschwiegen, ja absichtlich verdrängt. Angesichts der ungeheuren Herausforderungen des jungen

Adolf Eichmann, SS-Sturmbannführer, während einer Zeugenaussage, 1961.

Staates und der Bedrohung von außen war dies Teil der „emotionalen Haushaltsführung". Noch Anfang der Sechzigerjahre fand eine Umfrage der Tageszeitung „Maariv" heraus, dass 80 Prozent der Teilnehmer eines Lehrerseminars „keine Ahnung von dem haben, was in den Vernichtungslagern der Nazis vorgefallen ist".

Bis sich am 23. Mai 1960 alles ändern sollte. An einem heißen Nachmittag bestieg Premier David Ben Gurion das Podium der Knesset und versetzte das ganze Land mit 62 Worten in Aufregung: „Es ist meine Pflicht, Sie darüber zu informieren, dass unsere Sicherheitsdienste vor kurzer Zeit einen der berüchtigtsten Naziverbrecher, Adolf Eichmann, gefasst haben. Er war gemeinsam mit der Führung der Nazis für das verantwortlich, was sie als ‚die Endlösung der Judenfrage' bezeichneten – in anderen Worten, die Vernichtung von sechs Millionen europäischen Juden. Adolf Eichmann ist bereits in unserem Land in Haft und wird bald im Rahmen des Gesetzes zur Bestrafung von Nazis und Kollaborateuren von 1950 hier in Israel vor Gericht gebracht werden." Auf die überraschende Aussage folgte in der sonst so streitfreudigen Knesset tiefe Stille. Ganz Israel erlitt einen lähmenden Schock.

Der Eichmann-Prozess begann und wurde zum Höhepunkt des Wandels, der im Land der Opfer ein neues Verständnis für die Schoah und die Überlebenden schuf. Generalstaatsanwalt und Chefankläger Gideon Hausner war sich der historischen Bedeutung des Prozesses von Anfang an bewusst: „Dies ist eine Generation ohne Großväter und Großmütter. Sie versteht nicht, was geschehen ist", schrieb Hausner. Mehr als Eichmann zu überführen ging es ihm darum, Israels Jugend zu erziehen. Er lud 121 Zeugen vor, Überlebende aus den Lagern, die den Israelis durch die Erzählung ihres persönlichen Schicksals den Schrecken, aber auch ihren alltäglichen Mut erklärten und näherbrachten. Gebannt saß ganz Israel täglich vor den Radios und lauschte den Übertragungen aus dem Gerichtssaal. Plötzlich vernahm man das Schicksal eines Viertels der Bürger, die vorher nicht wahrgenommen worden waren. „Sechs Millionen Opfer wurden ermordet, aber Zehntausende, die alle Abteilungen der Nazihölle durchwandert und auf wunderbare Weise überlebt haben – sind sie nicht auch Opfer?", fragte jetzt die Tageszeitung Davar.

Für das jüdische Kollektiv und die Überlebenden in Israel stellte der Prozess jedoch eine Katharsis dar. Die Opfer wurden nicht mehr verachtet: „Es ist kriminell zu behaupten, die Juden hätten ... zu Hitlers Zeiten anders handeln können, als sie es taten", schrieb der ultranationale Dichter Uri Zvi Grinberg. Der vernichteten Welt des europäischen Judentums wurde Anerkennung gezollt, das „neue, hebräische" Israel söhnte sich mit seinen jüdischen Wurzeln aus. Israelische Schulen begannen, den Holocaust zu lehren, Kinder wurden dazu angehalten, Israel nicht mehr als einen Bruch mit der Geschichte und radikale

Das Museum Yad Vashem ist der zentrale Erinnerungsort des Landes.

Neuerfindung zu betrachten, sondern als Weiterentwicklung einer 2000 Jahre alten jüdischen Existenz im Exil. Gideon Hausner fasste die neue Weltanschauung zusammen: „Wir und die ermordeten Juden sind eins."

Doch mit diesem Sinn für Kontinuität veränderte sich auch das Selbstverständnis der israelischen Gesellschaft. Sie war nicht mehr Avantgarde einer neuen Form des Judentums, nicht mehr Heimat stolzer, wehrfähiger, zuversichtlich in die Zukunft blickender Hebräer, sondern letztes Überbleibsel einer seit Jahrtausenden verfolgten Minderheit, deren wichtigste Aufgabe es ist zu überleben. Von einem Tabu wurde die Schoah zu einem „einschneidenden Ereignis in unserer Geschichte, das unser Bewusstsein für immer prägen wird", sagt der ehemalige Finanzminister Yair Lapid, der zur Stimme des weltlichen Mainstreams der israelischen Gesellschaft wird. Und dieses Ereignis führt die meisten Israelis zu einer zentralen Schlussfolgerung: „Wir müssen um jeden Preis überleben. Wenn morgen eine Atombombe auf uns abgeworfen wird, wird uns diese vernichten. In Europa wird man uns dann vielleicht nachtrauern, mehr wird aber nicht geschehen", sagt Lapid. Und auch Premier Benjamin Netanjahu spricht für viele, wenn er an die historische Pflicht erinnert, dass „Juden sich immer selber verteidigen können müssen".

Für viele Historiker symbolisiert der Eichmann-Prozess deswegen einen Wendepunkt. Wissen über die Details der Schoah wurde zu Bewusstsein, zahllose Opfer zu Individuen, Lämmer zu Helden, Israelis zu Juden, die Diaspora vom Exil zum kulturellen Erbe. Der nationale Schriftsteller Haim Guri stellte fest: „Keiner von uns hat den Gerichtssaal so verlassen, wie er hineingekommen ist." Und der Holocaust mutierte zur zentralen Staatsräson: „In nur zwei Dingen zeigt sich in den Augen der Weltöffentlichkeit der besondere Charakter Israels als jüdischer Staat", schrieb der Generaldirektor des Außenministeriums, Haim Yahil. „Das erste ist die rettende Funktion des Staates, in dem jeder Jude einen Platz hat. ... Das zweite ist der Umstand, dass der Staat Gerechtigkeit für sein Volk verlangt und diejenigen richtet, die die Nation und sein Existenzrecht bedrohen." Heute ist die Hälfte der Israelis überzeugt, dass sich ein weiterer Völkermord an Juden jederzeit wieder ereignen kann. Und so ist die 50 Jahre alte Ansprache Hausners im Eichmann-Prozess noch immer gültig: „Es gibt keine Sicherheit dafür, dass der Holocaust sich nicht anderswo wieder ereignen wird. Deswegen müssen wir dieses Land ... schätzen und beschützen, es ist unsere letzte Zuflucht."

Das ist in vieler Hinsicht die zentrale Botschaft, die die Erinnerungsstätte Yad Vashem, die seit 1953 offiziell im Namen des Staates Israel für das Gedenken an die Schoah verantwortlich ist, heute vermittelt. Der Kontrast zwischen dem langen dunklen Museumskorridor, der den Berg spaltet, um den Zivilisationsbruch der Schoah zu symbolisieren, und dem lieblichen Ausblick von der Terrasse auf die Berge Judäas vermittelt eine Botschaft, der sich kaum ein Israeli entziehen kann: Ein wehrhaftes Israel ist die einzige logische Antwort auf den Wahnsinn des Judenhasses, der weiterhin in aller Welt verbreitet ist. Yad Vashem ist somit weit mehr als Gedenkstätte, Museum und Forschungseinrichtung. Die Institution fungiert als größte Schule Israels, als Sozialisationswerk des Zionismus: Im Wehrdienst und in der Schule gehören Besuche in Yad Vashem zum Kerncurriculum. Neuerdings steht die Schoah sogar bereits im Lehrplan der Kindergärten. Die Besuche auf dem „Berg der Erinnerung" in Jerusalem und der „Marsch der Lebenden", in dessen Rahmen Zigtausende Israelis das Vernichtungslager Auschwitz besuchten, werden zu prägenden Erlebnissen; der Völkermord am eigenen Volk zum Angelpunkt des Selbstverständnisses.

Nachdem ihr Sohn Benayah Rhein im August 2006 im zweiten Libanonkrieg fiel, machte seine Mutter in seinem Zimmer eine bewegende Entdeckung: Direkt über dem Bett des jungen Offiziers hing ein Poster mit der Anklage Gideon Hausners im Eichmann-Prozess: „Es war das Erste, was Benayah sah, wenn er morgens aufwachte", berichtet Hagit. Jedes Mal, bevor ihr Sohn seine Uniform anzog, um von der Siedlung Karnei Schomron mitten im israelisch besetzten Westjordanland zu seiner Panzereinheit zurückzukehren, blickte er auf die Worte Hausners: „Ich stehe hier nicht allein: Sechs Millionen Kläger stehen mir zur Seite", so der Anfang der Rede, den so manch ein Israeli auswendig kennt. „Aber die Opfer können sich nicht aufrichten, um einen anklagenden Finger gegen den Mann zu erheben, der dort in der Glaskabine sitzt. Ihre Asche türmt sich in den Hügeln von Auschwitz und den Feldern Treblinkas, sie wurde in den Flüssen Polens fortgeschwemmt. Ihr Blut schreit auf, aber ihre Stimmen können nicht gehört werden."

Dieses Andenken begleitet hier junge Menschen, manchmal – wie im Falle Benayahs – bis in den Tod: „In Treblinka habe ich das Gefühl, dass ich auf Leichen trete, dass ich auf meine Brüder trample", heißt es in einem Tagebucheintrag, den der Offizier bei dem „Marsch der Lebenden" machte und der wie ein Echo der Anklage Hausners klingt. „Ich weiß, dass der Tod in Treblinka neues Leben hervorbrachte", schrieb Benayah weiter. „Dieses neue Leben bin ich, Du, wir. Das gibt mir das Recht, ein freier Jude in meinem Land Israel zu sein, hier Soldat zu sein und all diejenigen, die es nicht mehr gibt, als Soldat zu vertreten." Und an anderer Stelle: „Ihr, die [israelischen] Soldaten, seid die Antwort auf die Schoah!"

Doch nicht nur Elitesoldaten sind vom Holocaust geprägt. Das Phänomen erfasst längst nicht nur die dritte und vierte Generation der Überlebenden, sondern auch Nachkommen von Juden, die aus arabischen Staaten einwanderten – also Familien, die gar nicht direkt vom Holocaust betroffen waren. „Sogar ich war überrascht", sagt Dr. Orna

Katz-Atar, die im Erziehungsministerium für den Oberstufenlehrplan Geschichte verantwortlich ist. An einer Schule, in der den volljährigen Schülern Ausweise ausgehändigt wurden, verwandelte die Schulleitung den bürokratischen Akt in einen feierlichen Übergangsritus. Sie bat die Schüler, einen Gegenstand mitzubringen, der ihre Identität symbolisiert. „Ich war verblüfft", sagt Atar. „Viele brachten Gegenstände aus dem Holocaust, wie ein Schüler, der Gebetsriemen zeigte, die sein Urgroßvater aus einem Zug nach Auschwitz gerettet hatte. Eine andere Schülerin brachte ein Gebetbuch, das ein KZ überstanden hatte. Und diese jungen Erwachsenen waren nicht einmal religiös." Und manche von ihnen nichteuropäischer Herkunft.

Doch Israel wäre nicht Israel, wenn das Erbe der Schoah nicht heftig debattiert würde. Eine neue Studie des „Zentrums der Holocaustüberlebenden" fand, dass mehr als 80 Prozent der Israelis glauben, die Schoah werde bereits „in wenigen Jahren" zu einem „vagen historischen Ereignis werden" – wie viele andere Massaker und Pogrome der jüdischen Geschichte. Andere meinen, die zentrale Lehre aus dem Völkermord solle nicht partikular sein, sondern universal: „Alle, auch wir, müssen lernen, dass man moralisch handeln muss, auch wenn die Umstände unmoralisch sind", sagt der ehemalige Finanzminister Lapid und nennt den Krieg rund um den Gazastreifen 2014 als Beispiel. Damals hätten sich „Kinder auf beiden Seiten der Front befunden. In solchen Augenblicken, wenn wir schießen und beschossen werden, sind beide Lehren der Schoah relevant. Wir müssen uns verteidigen und moralisch bleiben. Und wegen unserer Geschichte leben wir deshalb in ständiger Spannung. Wir müssen dauernd beide Dinge gegeneinander abwägen."

Und in einer anderen typisch israelischen Angewohnheit begegnen viele Bürger dieser Spannung mit wortwörtlichem Galgenhumor. In der Schule für Fallschirmjäger der israelischen Armee beispielsweise stehen zwei Türme, von denen aus der Sprung ins Leere geübt wird. Vorher seilen sich die Soldaten fest und baumeln dann durch die Luft. Bei den Fallschirmjägern sind die Türme nur als „Eichmann" bekannt – benannt nach dem einzigen Menschen, der in Israels Staatsgeschichte gehängt wurde.

„Ich verzeihe allen vom Herzen"

Wie ein altes Bauernhaus im oberösterreichischen St. Radegund zu einem Ort der spirituellen Stärkung wurde. Besuche im Jägerstätter-Haus in St. Radegund.

UTE BAUMHACKL (TEXT)
MARIJA KANIŽAJ (FOTOS)

In dem Brief ist viel vom Glauben die Rede und gut versteckt von den Schrecken der Diktatur. Ganz am Ende wird das Schreiben noch privat. Die kleine Maridi, „die zweitälteste", schreibt der Vater an einen befreundeten Priester, „ging über den geheizten Ofen und hat sich beide Fußsohlen stark verbrannt. Die Schmerzen, die sie hatte, können Sie sich leicht vorstellen. Da fühlt man erst recht, wie lieb man die Kinder hat, wenn man sie so leiden sehen muss, und kann ihnen nicht helfen."

Es ist überliefert, dass der Vater das verletzte Kind in eine Butte gesetzt und zu Fuß in den Nachbarort zum Arzt getragen hat.

Erinnern kann sich Maria Dammer, geborene Jägerstätter, an ihren Unfall aus dem Jahr 1940 nicht; sie hatte damals wohl gerade erst gehen gelernt, so klein war sie. Auch ihren Vater, Franz Jägerstätter, kennt sie nur aus Erzählungen, „aber ich weiß noch", erzählt sie, „wie der Brief vorgelesen wurde, in dem stand, dass er hingerichtet worden ist. Da haben wir alle recht geweint." Damals, im August 1943, war Maria Dammer viereinhalb Jahre alt. Im Frühling 2015 sitzt sie, eine zarte alte Dame mit widerspenstigem Haar und plötzlichem Lächeln, vor ihrem Elternhaus in der Sonne, zu ihren Füßen streiten sich ein paar Hummeln um die ersten Löwenzahnblüten.

In diesem Jahr 2015 ist es also nun 72 Jahre her, dass ihr Vater wegen „Wehrkraftzersetzung"

Das Haus der Familie Jägerstätter im oberösterreichischen St. Radegund ist heute eine liebevoll renovierte Gedenkstätte.

hingerichtet wurde, weil er sich, aus christlicher Überzeugung, geweigert hatte, für das Nazi-Regime in den Krieg zu ziehen. 2007 ist er dafür von der römisch-katholischen Kirche seliggesprochen worden, im Linzer Dom, seine Witwe Franziska hat das unglaublicherweise noch miterlebt, sie starb 2013, 100 Jahre und zwölf Tage alt.

„Sieben Jahre verheiratet und 70 Jahre Witwe", sagt Maria Dammer. So knapp lässt sich dieses Leben zusammenfassen. Franziska Jägerstätter hat einen Gutteil dieses langen Lebens damit verbracht, die Ehre ihres ermordeten Mannes wiederherzustellen, erzählt ihre Tochter. Das war, vor allem anfangs, nicht ganz leicht. Jägerstätter galt, gerade in seiner näheren Heimat, abwechselnd als Feigling und als Sturschädel, der sich lieber erschießen ließ, als selber zu schießen und dabei den Krieg zu überleben, vielleicht also irgendwann heimkehren zu können zu seiner Frau und den drei kleinen Töchtern.

St. Radegund im Innviertel, ein Bauerndorf auf flachen Hügeln. Ein Gasthaus. Ein Feuerwehrhaus. Eine Kirche, frisch entwurmt (die feuchten Wände zu sanieren ist das nächste Großprojekt). „Von den Innviertlern heißt es: Gehst du einen Schritt auf sie zu, gehen sie zwei zurück", sagt einer, der es wissen muss. Josef Steinkellner, 74 Jahre alt, ein robuster Mann in Strickweste und Birkenstocksandalen, ist seit 1977 Pfarrer in St. Radegund und im benachbarten Tarsdorf.

Jägerstätter-Tochter Maria Dammer: „Für die Mutter war seine Seligsprechung das Schönste."

Jägerstätter ist ihm ein Lebensbegleiter geworden. Steinkellner hat viele Geschichten und Anekdoten parat über den Mann, der als Franz Huber ins Taufbuch eingetragen wurde, das ledige Kind einer Magd, geboren 1907, die ersten Jahre in bitterster Armut bei der Großmutter aufgewachsen, später adoptiert von dem Mann, den seine Mutter geheiratet hatte – Heinrich Jägerstätter, der ihm seinen Familiennamen gab und dessen stattlichen Hof er erben sollte.

Stadel und Ställe sind längst einer Wiese voller Nussbäume gewichen, das große Haus aber steht noch, viele Fenster, ein Holzbalkon, in der Küche steht ein neuer Ofen, blanke Scharniere, blaue Kacheln, gestiftet von Oberösterreichs Landeshauptmann. Das Haus ist heute eine Gedenkstätte, 1983 haben es Steinkellner und ein Häuflein Gleichgesinnter der Familie abgekauft und renoviert, das eingesunkene Dach neu aufgesetzt, die Stiegen repariert, die Fenster und Balken erneuert. Im Schlafzimmer thront das originale Ehebett der Jägerstätters, ein Zimmer weiter eine Art Reliquienschrein mit seiner Bibel, seiner Motorradhaube, dem Hochzeitsgilet, Ehering, Rosenkranz. Die Stube schmücken Wandschoner mit aufgestickten Sinnsprüchen: „Lieben und geliebt zu werden ist das größte Glück auf Erden."

Rundum sind Schautafeln mit dem Lebenslauf Jägerstätters aufgehängt, mit den Bildern, die es von ihm gibt, darum herum wurde sorgfältig kalligrafiert:

„Von 1917 bis 1943 war dieses Haus die Heimat von Franz Jägerstätter. Hier arbeitete er als Bauer.

Hier lebte er in glücklicher Ehe mit seiner Frau Franziska.

Hier wurden deren drei Kinder geboren.

Hier rang er mit der Frage, ob er als Christ an der Seite der Nationalsozialisten kämpfen dürfe."

1938 soll Franz Jägerstätter, der Mesner und erste Motorradbesitzer im Dorf, der jähzornige Raufer und begüterte Bauer, der armen Nachbarn rucksäckeweise Lebensmittel vor die Tür stellte, eine Vision gehabt haben, erzählt Pfarrer Steinkellner: von einem Zug, der in die Hölle fuhr, und alle wollten mit. Angeblich habe Jägerstätter, der die Vision politisch deutete, darauf bei der Volksabstimmung als Einziger in St. Radegund gegen den „Anschluss" Österreichs an Nazi-Deutschland gestimmt; der Stimmzettel soll unterschlagen worden sein wegen der 100 Prozent Zustimmung, mit der man vor den neuen Herren glänzen wollte.

Zwei Jahre später wurde Franz Jägerstätter zur Wehrmacht einberufen und leistete sogar den Fahneneid auf Hitler. Danach, als vorerst in der Landwirtschaft „unabkömmlich" wieder nach Hause geschickt, kamen ihm Zweifel an seiner Pflicht gegenüber einem Regime, das Krieg führte, gläubige Christen schikanierte und das, auch

*Die Stube im viel besuchten Jägerstätter Haus.
Links der neu gesetzte Ofen.*

davon hatte er mittlerweile erfahren, groß angelegte Euthanasieverbrechen beging. Sein innerer Kampf ist in zahlreichen Briefen und Aufzeichnungen dokumentiert. Jägerstätter erreichte sogar eine Audienz beim Bischof von Linz, dem er von seinem Vorhaben berichtete. Der riet ihm von einer Wehrdienstverweigerung ab. Trotzdem gab Jägerstätter bei seiner neuerlichen Einberufung am 1. März 1943 bekannt: Er könne als gläubiger Katholik höchstens Sanitäter sein, aber keinesfalls für die Nationalsozialisten kämpfen.

Seine Frau trug diese Entscheidung mit. Die Glaubenskraft dieser beiden Menschen ist heute ebenso schwer vorstellbar wie die Konsequenzen, die dieser Schritt bedeutete.

Seltsam folgerichtig erscheint daher die Ablehnung, die Jägerstätters Opfer erfuhr: „Selbstmörder" habe man ihren Vater in St. Radegund genannt, erzählt Maria Dammer. Wo es Konsens gibt, dass zum Überleben alles erlaubt sein muss, erscheint die Selbstaufgabe aus religiöser Überzeugung als Verantwortungslosigkeit, als Gewalttat gegen sich und die Seinen.

Nachvollziehbar erscheint aber auch die Faszination, die von Jägerstätters Kompromisslosigkeit ausgeht. Der katholische Soziologe und Pazifist Gordon C. Zahn aus Wisconsin war der Erste, der die Biografie des oberösterreichischen Bauern aufarbeitete und dafür, erzählt Steinkellner, in St. Radegund Quartier nahm und Deutsch lernte, damit ihm Jägerstätters Zeitgenossen von ihm berichten konnten. 1964 erschien sein Buch „In Solitary Witness: The Life and Death of Franz Jägerstätter", das zur Basis von Axel Cortis Film „Der Fall Jägerstätter" aus dem Jahr 1972 werden sollte.

Seither ist das Interesse nicht mehr erlahmt, hat sich die Wahrnehmung gedreht, ist aus dem Spinner ein Märtyrer geworden.

29 Reisebusse hat Maria Dammer im Vorjahr vor ihrem Elternhaus gezählt, auch Hunderte private Gäste kommen Jahr für Jahr, um das Haus (und das Grab an der Kirchenmauer) zu besuchen. Die Adresse St. Radegund Nr. 31 ist heute die Hauptattraktion des Ortes.

Die Menschen kommen weniger einer historische Stätte wegen als an einen Ort der spirituellen Stärkung. Jedes Jahr zu Jägerstätters Todestag am 9. August werden auf der Wiese vor dem Haus Gedenkmessen gelesen. Ein halb fertiger Zubau könnte einmal, so hofft es Pfarrer Steinkellner, zu einer Begegnungsstätte werden, in der man Exerzitien, religiöse Einkehr halten kann. Ihrer Mutter, glaubt Maria Dammer, würde das gefallen, „für sie war die Seligsprechung des Vaters das Schönste". Ihr selbst sage der Abschiedsbrief des Unbekannten, der ihr Vater war: „Er muss fast ein Heiliger gewesen sein. Soviel Glauben und Kraft so kurz vor dem Tod zu haben."

„Ich verzeihe allen vom Herzen", schrieb Jägerstätter am Tag seines Todes, „möge Gott mein Sühn-Opfer hinnehmen nicht bloß für meine Sünden, sondern auch für andre." Seinerseits bat er seine Familie um Vergebung: „Es war mir nicht möglich, euch von diesen Schmerzen, die ihr jetzt um meinetwegen zu leiden habt, zu befreien." Er danke „unsrem Heiland, dass ich für ihn leiden durfte und auch für ihn sterben darf" und werde „den lieben Gott schon bitten, wenn ich bald in den Himmel kommen darf, auch für euch alle ein Plätzchen anzuschaffen".

War es schwer, mit so einer Vorgabe zu leben, unter einem solchen Kraftfeld der Überzeugung? „Das weiß ich gar nicht mehr", sagt Maria Dammer. Es war ja immer da. Der Vater sei jedenfalls „immer ein großes Vorbild gewesen. Auch wenn wir es vielleicht nicht geschafft haben, so viel zu beten wie er."

Den Glaubensweg dieses Mannes nachzuvollziehen wird heute vielen schwerfallen. Wieweit aber der Widerstand gegen totalitäre Gewalt gehen kann und muss, ob ein Gewissensentscheid in die Selbstaufgabe mündet: Als intellektuelle, politische, moralische Herausforderung wird noch viele Generationen befassen, was Franz Jägerstätter für sich so radikal beantwortet hat.

Vielen dient das Haus als Ort der spirituellen Stärkung.

Die Stimmen der Toten

Auf dem schlesischen Gutshof der Familie Moltke in Kreisau, das heute in Polen liegt, dachten mutige Intellektuelle während des Krieges über ein demokratisches Deutschland und ein vereinigtes Europa nach. Darauf stand die Todesstrafe.

THOMAS GÖTZ (TEXT)
MARIJA KANIŽAJ (FOTOS)

Verschreckt, verstört steht der sechsjährige Helmuth am Toreingang. Eine alte Dame krallt sich in seine Schultern, hält ihn zurück. Vor ihren Augen ziehen marodierende Soldaten vorbei. Die Franzosen haben Lübeck eingenommen. Betrunken taumeln und trommeln sie durch die Stadt, raffen, was sie kriegen können. „Die Schande" stand früher unter dem Fresko, heute nur noch „6. Nov. 1806".

Helmuth von Moltke wird zum Sieger von Königgrätz heranwachsen und die Franzosen bei Sedan schlagen. Das Fresko schmückt den Stiegenaufgang seines Schlosses im polnischen Ort Kreisau. Gekauft hat er sich den Ansitz in Schlesien mit einer Dotation, die der preußische Generalfeldmarschall für den Sieg über Österreich 1866 kassiert hat. Auf dem Fresko gegenüber zieht der 71 Jahre alte Herr über die eroberte Champs-Élysées in Paris. „Die Vergeltung" hieß das Bild einst, „1. März 1871" heute.

Junge Menschen liegen im Frühlingsgras vor dem Schloss. Der alte Herr interessiert sie nicht, sie sind wegen des Urgroßneffen hier. Helmuth James von Moltke war Jurist, kein Krieger. Für das Leben im Schloss fehlte ihm und seiner Familie das Geld. Freya, Helmuths bürgerliche Frau, er und die beiden Söhne mussten ins „Berghaus" ziehen, die einstöckige Villa auf dem Hügel hinter dem Schloss. Kinderwäsche flattert im Wind, Dominik Kretschmann bastelt an der neuen Sandkiste für seinen Sohn Benjamin. Kretschmann ist

*Würstelbraten im Schatten von Schloss Kreisau:
Der Sitz der Familie Moltke gehört heute einer Stiftung,
die zur europäischen Verständigung beitragen will.*

Leiter der Gedenkstätte Kreisau. Das Berghaus ist das Herz der Gedenkstätte. „Hier traf sich dreimal der Kreisauer Kreis, eine Gruppe von Gegnern der nationalsozialistischen Diktatur, die ein demokratisches Deutschland in einem freien und vereinten Europa vorbereitete", steht auf der Glasplatte an der Außenmauer. Zweimal traf man sich 1942 hier, einmal 1943. Den Gastgeber und sechs weitere „Verschwörer" kostete ihr Nachdenken das Leben. Helmuth James Graf von Moltke starb am 23. Jänner 1945, über ein Jahr nach seiner Verhaftung, gehenkt an Fleischerhaken in Berlin-Plötzensee. Er war 37 Jahre alt.

Den „Kreisauer Kreis" gab es eigentlich nicht. Den Namen gaben den Verschwörern ihre Verfolger, weil sie nicht wussten, wie sie die Gruppe von Sozialdemokraten, Konservativen, Katholiken und Protestanten sonst nennen sollten. Er blieb haften.

„Der Staat ist nicht total. Der Staat ist nicht allmächtig. Der Staat ist nicht Selbstzweck. Der Staat ist nicht die letztmögliche Organisationsform der Gemeinschaft", steht in einer der Mitschriften, die auf die Nachwelt gekommen sind. Häresien damals. Jeder Satz Hochverrat. „Es ist ausgeführt, dass es eine durch nichts gerechtfertigte Irrlehre ist, anzunehmen, im europäischen Raum könne der Einzelstaat nicht in eine organisatorische, gesamtheitliche Gemeinschaft mit den übrigen Staaten und Nationalitäten zusammenwachsen. Das genaue Gegenteil ist richtig."

„U Hrabiego", zum Grafen, steht über der Mensa an der Schmalseite des rechteckigen Gebäudegevierts um den Schlossplatz von Kreisau. 150 Kühe hatten früher hier ihre Stallung. „Die Funktion hat sich nicht geändert", sagt Monika Kretschmann und lacht. Gemeinsam mit Rafal Borkowski leitet sie die „Stiftung Kreisau für Europäische Verständigung". Ihr gehört das Gut seit 1990. Vorher war hier eine Landwirtschaftliche Produktionsgenossenschaft. Die Gebäude waren herabgewirtschaftet, vieles unrettbar kaputt. 29 Millionen Euro flossen damals in die Sanierung, umgewidmete polnische Kreditrückzahlungen an Deutschland.

Polen und Deutsche einigten sich darauf, die Mittel in gemeinsame Projekte zum Aufbau Polens zu investieren. Ob die Botschaft von Kreisau heute noch aktuell ist? „Zum Teil ist die Botschaft erfüllt, zum Teil überholt", sagt Borkowski in makellosem Deutsch, das er sich hier selber beigebracht hat. Er war schon in Kreisau, als es noch eine Ruine war. „Meine Eltern gehörten dem Klub Katholischer Intelligenz, dem KIK, in Breslau an." Dieser Klub hatte Kreisau wiederentdeckt, Führungen und Sommercamps organisiert. Der junge Borkowski half bei den ersten Tagungen, Texte zu kopieren. Langsam wuchs er hinein in die Idee, am Ort der Geheimtreffen ein Zentrum für europäische Begegnung zum Aufbau der Zivilgesellschaft zu errichten. „1998 bin ich von Breslau hergezogen. Ich sollte im Berghaus wohnen."

Der historische Friedensgruß in Kreisau zwischen dem polnischen Ministerpräsidenten Tadeusz Mazowiecki und Helmut Kohl drei Tage nach dem Fall der Berliner Mauer.

Es war Freya, die nicht wollte, dass ihr Familienhaus auf der Albertshöhe zum reinen Museum werden sollte. Heute lebt Frau Kretschmann mit ihrer Familie im ersten Stock, die drei Zivildiener unterm Dach. Nur das Parterre ist Museum. Charlotte Seitz hat sich für ein Jahr verpflichtet, hier zu helfen. Die Mannheimerin ist erst 19. Für ihre Arbeit bekommt sie etwas Verpflegungsgeld und wird versichert. Jetzt hat sie eine kleine Gruppe zu führen. „Die Kreisauer waren gegen ein Attentat auf Hitler", erzählt sie, „weil sie fürchteten, ihn zum Märtyrer zu machen." 200 Treffen habe es gegeben von den Kreisauern, die meisten in München und Berlin, nur drei hier, getarnt als Familienfeiern. Dass Freya nach dem Krieg nicht in Deutschland leben wollte, berichtet Charlotte dann. Der Widerstand ihres Mannes galt dort noch vielen als Hochverrat. So ging sie nach Südafrika. Entsetzt von der Apartheid, emigrierte Freya mit den Kindern später in die USA.

„Wie gut, dass Kreisau heute polnisch ist", hat sie einmal gesagt. „Das nimmt es heraus aus einer möglichen deutschen Enge und macht es von vornherein zu einem europäischen Ort." Und als im Herbst 1989 Helmut Kohl hier den ersten frei gewählten polnischen Nachkriegspremier Tadeusz Mazowiecki treffen sollte, wollte sie nur kommen, wenn die Einladung nicht von ihm, sondern von Polen käme.

Von deutschem Widerstand gegen den Nationalsozialismus in Polen zu reden, war lange verpönt im Land, erzählt Kazimierz Wóycicki, auch er Vorstand der Stiftung. Stolz führt der Siebzigjährige durch die neue Ausstellung im Park. Rostige Eisenwände tragen die Bilder von Helden des Widerstands. Nicht nur die Kreisauer würdigt die Schau, sondern auch den späteren Widerstand gegen die Kommunisten. Wóycicki erzählt von dem polnischen Rechtsphilosophen Karol Jonca, der in den Siebzigerjahren sich für die Kreisauer zu interessieren begann, von den Jugendlagern im ruinösen Kreisau, vom Staunen über die Tatsache, dass es deutsche Opfer der Nationalsozialisten gegeben hatte. Die staatliche Propaganda hatte dafür keinen Platz gehabt.

„Uns wurde klar", sagt Wóycicki, „dass die Assoziation der Deutschen mit den Hitlerdeutschen die polnischen Kommunisten legitimieren sollte, nach dem Motto: Die Deutschen killen, die Russen schicken nur ins Lager." Kreisau passte da nicht hinein. Deshalb war es ein guter Ort für die erste Begegnung der neuen Regierung mit dem deutschen Kanzler zu einer Versöhnungsmesse. „Wir hatten die These: Deutschland ist heute ein anderes Land, wir müssen uns versöhnen." Wo, wenn nicht in Kreisau, könnte das passieren? „Der Ort war gut gewählt", findet Wóycicki. „Auf polnischer Seite ist es die Anerkennung des deutschen Widerstands, Kohl anerkannte, dass er auf polnischem Gebiet stand." Den Friedensgruß der beiden Männer wollten die alten Beamten des Außenministeriums in Warschau noch verhindern. Die Kirche verwies auf kanonisches Recht, der Papst müsste davon dispen-

Inszenierung für die Besucher: Charlotte Seitz holt Porträts der Kreisauer aus dem Glaskasten. In der Mitte Helmuth James Moltke.

sieren. Das stimmte zwar nicht, brachte die Beamten aber in eine Zwangslage. Beim polnischen Papst zur Verhinderung der liturgischen Geste die Dispens einzuholen, wäre ihnen denn doch lächerlich erschienen. Das Foto vom Friedensgruß ist das zentrale Bild der neuen Ausstellung. „Eine Sammlung mutiger Persönlichkeiten wird hier gezeigt", sagt Wóycicki. „Man muss Mut zeigen, um sich zu versöhnen." Der Brief der polnischen Bischöfe an die deutschen aus den Sechzigerjahren hängt hier. „Wir vergeben und bitten um Vergebung", schrieben die Hirten, ein schöner Satz, der anerkannte, dass auch die Vertreibung der Ostdeutschen der Vergebung bedarf. Der sehr förmliche Antwortbrief aus Deutschland kam wie eine kalte Dusche.

„230 Menschen leben heute in Kreisau", erzählt Monika Kretschmann. „231", bessert sie sich aus. Die meisten kamen aus den an die Sowjetunion verlorenen polnischen Gebieten im Osten. Sie wohnen jetzt in Häusern, die einst von hier vertriebenen Deutschen gehörten. Natürlich plagte sie die Sorge, jetzt kommen die Deutschen wieder. Agnieszka, die Gäste durch das Gut führt, sieht diese Rückkehr nur positiv. „Kreisau lebt", fasst sie das Ergebnis der Wiederbelebung zusammen. Fast 60 Arbeitsplätze sind entstanden, 12.000 Gäste kommen in diesen entlegenen Winkel Schlesiens und füllen jährlich die 200 Betten der Jugendherberge.

Jetzt ist gerade eine Schulklasse des Norbertus-Gymnasiums aus Magdeburg hier. Sie treffen ihre Schulpartner aus dem nahen Strzegom (Striegau). Gemeinsam waren die Gruppen im KZ Groß-Rosen ein paar Kilometer von hier. Nun sitzen Mateusz und Klaudia mit ihrer Klasse im Wohnzimmer der Moltkes. Er soll die Briefe Helmuths lesen, sie die Antworten Freyas. „Du hast es mir immer gesagt, dass Du früh sterben würdest", liest Klaudia monoton, über die hektografierten Zettel gebeugt. Still lauscht die Klasse. „Sieben Jahre länger hast Du mir versprochen, aber was tut schon Quantität. Wie gut, dass ich jede Minute mit Dir bewusst als ein Geschenk empfunden habe, dass ich mich um jede gerissen habe." „Ja, mein Herz, unser Leben ist zu Ende", erwidert der Gefangene, und der Gefängnispastor Harald Poelchau wird den Brief aus dem Gefängnis schmuggeln, ihre Briefe hinein. „Die volle Dankbarkeit für dieses Leben habe ich erst in diesem Jahr gelernt. Dass dieser Preis vielleicht gezahlt werden müsste, haben wir beide gewusst." Jetzt ist es ganz still im Zimmer. „Freisler sagte zu mir in einer seiner Tiraden", liest Mateusz, was Helmuth vom Verhör durch den Vorsitzenden des Volksgerichtshofs, Roland Freisler, berichtet: „Nur in einem sind das Christentum und wir gleich: Wir fordern den ganzen Menschen!"

Draußen vor dem „U Hrabiego" sitzen abends die jungen Polen beieinander. Warum sie hierhergekommen sind? Die Geschichte des Orts wollten sie kennenlernen, erzählen die 17-Jährigen. Die Atmosphäre gefällt ihnen, das Essen, die Freundlichkeit, die Architektur. Der 17-jährigen Klaudia haften besonders die Briefe Freyas im Gedächtnis, die sie am Nachmittag gelesen hat. „Für mich war diese Geschichte sehr bewegend. Ich war beeindruckt, dass auch Deutsche mit dem Tod bedroht waren." Mateusz, der im Berghaus für Augenblicke Helmuth James sein durfte, las aus den Briefen heraus, „dass der Weltkrieg für alle Völker eine große Tragödie war". Romantisch finden andere Schülerinnen den Briefwechsel. Zwei Mädchen, immerhin, schreiben auch selbst immer wieder Briefe. Morgen fahren sie nach Magdeburg. Was sie davon erhoffen? „Gute Erinnerungen", sagt ein Mädchen.

Tom, Adolf, Julian, Lukas, Max und Paul aus Magdeburg sitzen in der Mensa. Die Deutschen waren während der Lesung nicht dabei, sie haben ihren Besuch in Groß-Rosen nachbesprechen müssen. Sie sind spürbar beeindruckt von der Öde des Lagergeländes. Vieles sprudelt aus ihnen heraus: dass 40.000 Häftlinge die Schwerarbeit im Steinbruch nicht überlebten, dass die Wachmannschaften dort Boxkämpfe und Fußballspiele mit den Insassen organisierten. „300 Menschen haben in so einer Baracke gewohnt", sagt Julian. „Reingepasst", widerspricht ihm Tom, „nicht gewohnt".

Abends schart sich eine andere Arbeitsgruppe um das Lagerfeuer neben dem Herrenhaus. Über der Glut brutzeln Würste, Hunde streunen über die Wiese. Es sind junge Unternehmer aus Rumänien, Bulgarien, Tschechien, Malta, Mazedonien, Großbritannien und Polen. Sie wollen lernen, wie sie ihre Arbeit verbessern können. Die Zivilgesellschaft zu stärken, ist die Aufgabe des Neuen

Klaudia liest ihrer Schulklasse aus den Briefen Freyas von Moltke vor.

Kreisau. Das Wirtschaftliche gehört auch dazu. „Die Wirtschaft dient der Gemeinschaft und dem Einzelnen", schrieben die Kreisauer einst. „Personalistischer Sozialismus" nannten sie die Grundzüge ihrer Wirtschaftstheorie.

Näher am Traum der Visionäre von Kreisau liegt das heutige Europa: „Der Frieden bringt eine einheitliche europäische Souveränität von Portugal bis zu einem möglichst weit nach Osten vorgeschobenen Punkt, bei Aufteilung des Festlandes in kleinere nichtsouveräne Staatsgebilde, die unter sich Verflechtungen politischer Art haben."

Drinnen im alten Schloss steht ein Gerät, das ein einzigartiges Dokument reproduzieren kann. Die Firma Edison hatte 1889, hundert Jahre vor dem Mauerfall, mit ihrem neuen Phonographen die Stimmen bedeutender Männer Europas aufgezeichnet. In Deutschland waren das Kaiser Wilhelm, Bismarck und Helmuth Graf Moltke, der Alte. Vor ein paar Jahren wurden die Walzen gefunden. Es rauscht und kratzt im Lautsprecher, dann hört man die Stimme des 1800 geborenen Generalfeldmarschalls: „Der Phonograph ermöglicht, dass ein Mann, der lange schon im Grabe liegt, noch einmal seine Stimme erhebt und die Gegenwart begrüßt." Heute übertönt in Kreisau die sanfte Stimme seines ermordeten Urgroßneffen Helmuth James die harte Sprache des Feldherrn.

Die Vertreibung aus dem Paradies

In Jalta zogen Churchill, Roosevelt und Stalin die Grenzen Europas neu. 70 Jahre später ist die Krim von Russland annektiert, und ein vertriebenes Volk sucht immer noch seinen Platz.

CHRISTIAN ESCH (TEXT)
MORITZ KÜSTNER (FOTOS)

Da sitzen sie nun wieder am Schwarzen Meer, die Großen Drei, genau 70 Jahre nach ihrem letzten Treffen. Rechts Stalin, links Churchill und in der Mitte Roosevelt, alle aus Bronze gegossen, überlebensgroß und etwas klobig. Der Bildhauer Surab Zereteli hat sie gekleidet wie auf den alten Fotos – Churchill und Stalin tragen Militärmäntel, der US-Präsident sieht wie ein Kurgast aus mit seinem Plaid. Dem sowjetischen Diktator hat der Künstler eine Pfeife in die Hand gedrückt, die gibt es nicht auf den Fotos, aber die Touristen fassen sie gerne an, der Pfeifenstiel ist ganz blankgerubbelt. Und schließlich hat der Bildhauer auch die Blickachsen korrigiert: Churchill und Roosevelt schauen in heiterer Bewunderung auf Stalin. Der wiederum blickt sinnend ins Leere, als gäbe es die anderen nicht.

Das neue Denkmal in Jalta steht über dem Liwadija-Palast, wo die Großen Drei einst tagten. Aufgestellt wurde es zum 70. Jahrestag der Konferenz. Es zeigt Russland, wie es sich selbst gerne sieht – als erste unter den Siegermächten, als respektiertes Mitglied im Klub der ganz Großen, die über die Köpfe der kleineren Völker hinweg das Schicksal der Welt entscheiden und Grenzen ziehen. Die Angst ist groß in Moskau, dass die Rolle von einst im Westen vergessen ist. Dieses Denkmal sei „eine Warnung an alle Politiker und Geschichtsspekulanten, die frech und zynisch die Geschichte des Zweiten Weltkriegs und der Nachkriegsordnung entstellen", sagte der russische Parlamentspräsident bei der Einweihung.

Stalin und Churchill in Militärmänteln, der kranke Roosevelt im Plaid wie ein Kurgast: Das neue Denkmal der „Großen Drei" in Jalta.

Es gäbe das Denkmal gar nicht, wenn Moskau sich nicht neuerlich das Recht genommen hätte, aus eigener Macht Grenzen neu zu ziehen. Im Frühjahr annektierte Russland die Krim und damit auch Jalta. Bis dahin war die Aufstellung eines Denkmals für die Großen Drei schon einmal gescheitert. Die Kiewer Politik wollte kein Denkmal für den Diktator Stalin in der Ukraine. Jetzt kann Kiew sich nicht mehr wehren, und in Moskau ist Stalin längst wieder im Trend. Gleich neben dem Parlamentsvorsitzenden stand bei der Einweihung ein bekennender Stalinist: Der Chef der Putin-treuen Biker-Truppe „Nachtwölfe", ein tätowierter Mann im Lederwams, der sowohl bei der Annexion der Krim als auch bei der Einschüchterung der Opposition seine Dienste anbot. Putin stelle wieder her, was Stalin in Jalta 1945 geschaffen habe, die Fundamente einer neuen Ordnung, frohlockte der Biker.

Jalta liegt am Südufer der Krim, dem schönsten Stück Küste, das das Zarenreich und später die Sowjetunion je besaß. Hier wachsen Zypressen und Wein, das Schwarze Meer liegt weit und blau gegen die Sonne hin, und eine schroff aufsteigende Bergkette schirmt den kalten Nordwind ab. Es war eine antike Traumlandschaft mit Tempelruinen und Stränden, die Katharina die Große im 18. Jahrhundert mit der Krim eroberte. Der Hochadel baute Paläste und legte Landschaftsparks an, das Bürgertum kurierte seine kranken Lungen, und die Zarenfamilie machte Jalta zu ihrer Sommerresidenz. Das ist allerdings lange her. Später setzte die Sowjetunion klotzige Sanatorien in die Kiefernwälder, für den Kollektivurlaub der Werktätigen. Und als der Sozialismus unterging, ließ der Kapitalismus Wohntürme wie Pilze aus dem Boden schießen. Heute stehen die Häuser in Jalta dicht an dicht, und die Kieselstrände sind von dicken grauen Betonbuhnen unterteilt.

Das muss man sich also alles wegdenken, wenn man sich in den Februar 1945 zurückversetzen will. In einer langen Autokolonne fuhren Roosevelt und Churchill damals vom Flughafen Saki nach Jalta, vorbei an ausgebrannten deutschen Panzern und durch schneebedeckte gewellte Landschaft, „ein bisschen wie bei uns im Mittleren Westen", wie das Logbuch des Weißen Hauses festhält. Alle hundert Meter stand ein Rotarmist am Straßenrand. Angeflogen waren sie aus Malta; gerne hätten sie das Treffen dort im Mittelmeer abgehalten, aber Stalin war dagegen, und die Kräfteverhältnisse sprachen für ihn. Seit der letzten Konferenz in Teheran Ende 1943 war die Rote Armee vom Dnjepr bis nach Frankfurt an der Oder vorgerückt.

In Jalta wurden die Delegationen auf jene Paläste verteilt, die einst der Hochadel des Zarenreichs angelegt hatte. Nur der todkranke Roosevelt war mit seiner Delegation am Tagungsort selbst untergebracht, der Sommerresidenz des letzten Zaren Nikolaus II. in Liwadija. Es ist ein blendend-weißer Bau im Renaissance-Stil, errichtet kurz vor dem Ersten Weltkrieg. Im Oberge-

Im „Weißen Saal" des Liwadija-Palasts, wo einst Russlands letzter Zar Sommerurlaub machte, wurde 1945 die Welt neu aufgeteilt. Der Tisch ist eine Kopie.

schoß kann man heute Nikolaus II. als Wachsfigur sehen, wie er in seinem Arbeitszimmer steht. Auch eine ultra-orthodoxe Wechselausstellung zur Romanow-Dynastie wurde aus Moskau importiert, die Romanows sind darin Gottgesalbte im ewigen Kampf gegen Freimaurer und anderes westliches Gift. Nach dem Bürgerkrieg wurde der Palast ein Sanatorium für Bauern, und zweimal litt er unter deutschen Besatzungen. Als Roosevelts Delegation im Februar 1945 eintraf, war von der alten Einrichtung deshalb kaum etwas geblieben. Man flog Möbel aus Moskauer Hotels ein und spickte das Gebäude mit Mikrofonen.

Zu sehen sind Roosevelts Räume sowie der Konferenzsaal, allerdings ohne das wichtigste Exponat. Der Konferenztisch ist nämlich – anders als die Tische der Teheraner und der Potsdamer Konferenz – verschollen, bedauert Oleg Schamrin, Vizedirektor des Museums. Was im Liwadija-Palast gezeigt wird, ist eine Kopie aus den 1970er-Jahren. Für Schamrin hat sich vieles verändert in der Arbeit – in Russland gälten strengere Regeln für Dokumentierung und Umgang als in der Ukraine, sagt er, aber das sei ja gut so. Und das Interesse an der Konferenz von 1945 sei in Moskau auch höher als in Kiew.

Am Ende der Führung kann man sich im italienischen Innenhof mit den Großen Drei fotografieren lassen, Photoshop macht's möglich. Im Museumsladen werden weiter ukrainische Anstecker angeboten, dazu gibt es aber auch patriotische Putin-T-Shirts. Die werden auch unten an der Uferpromenade verkauft, man sieht darauf den Präsidenten mit nacktem Oberkörper oder wie er als Judoka Obama vermöbelt. Außerdem gibt es Stalin-Konterfeis oder Sprüche wie: „Lernt kein Englisch! Lernt eine Kalaschnikow bedienen, dann lernt die Welt russisch."

Die T-Shirts sind Zeichen dafür, wie sich die Besucherströme verändert haben. Die Touristen aus Kiew und der Westukraine bleiben aus. Die Lücke müssen nun die russischen Touristen schließen. „Die sind gebildeter", sagt die Verkäuferin im Museumsladen im Liwadija-Palast. „Die sind unzuverlässiger", sagt im Gegenteil Olga, die nicht weit von der Strandpromenade mit dem Schild „Zimmer zu vermieten" auf der Straße steht. Auf diese Weise haben sie schon zu Sowjetzeiten Ferien gefunden, und in der Ukraine war es nicht anders. Verglichen mit dem reicheren Russland schien die Zeit hier überhaupt wie stehen geblieben – auf durchaus sympathische Weise. Aber jetzt ist Olga von ihren Stammkunden abgeschnitten, und die neuen Touristen wollen lieber im Internet buchen.

In Alupka, 20 Minuten mit dem Auto entfernt, liegt der Palast des Fürsten Woronzow. Hier war Churchill mit seiner Delegation untergebracht. Das Gebäude zeugt von Reichtum und Spleen seines Erbauers, des ersten Gouverneurs von Neurussland: zur Landseite ist es neogotisches Schloss, zum Meer eine Moschee der Mogul-Zeit.

In den Läden der Uferpromenade wird ein neuer Führerkult zelebriert: Putin als Hundefreund, Putin als Kampfpilot, Putin als Judoka.

Eine große Treppe mit Marmorlöwen führt in einen der schönsten Landschaftsparks Europas. „Das bin ja ich, bloß ohne Zigarre", soll Churchill von einem der schlafenden Löwen gesagt haben.

Die aristokratische Umgebung gefiel ihm; und dennoch sah er schärfer als Roosevelt die moralische Zwangslage, in der sie sich in Jalta befanden. Das schwierigste und am ausführlichsten diskutierte Thema der Konferenz war die Behandlung Polens, und die war für die Briten eine Frage der Ehre. Schließlich waren sie ja in den Krieg eingetreten, um Polen Beistand zu leisten; sie hatten dessen Exilregierung aufgenommen, und 150.000 polnische Soldaten kämpften unter britischem Kommando. Nun verlangte Stalin die faktische Anerkennung einer kommunistischen Gegenregierung und eine Westverschiebung des Landes, die die Vertreibung von Millionen Menschen voraussetzte. Das bedeutete einen doppelten Verrat – an Prinzipien und an Verbündeten. Die Konferenz von Jalta sollte bald schon für eine Niederlage der Demokratie gegen die Diktatur stehen. Die Erinnerung im Westen ging andere Wege als die in Russland. Aber der todkranke Roosevelt hat das nicht mehr erlebt, und Churchill wurde noch während der Potsdamer Konferenz abgewählt.

Anders als Jalta ist Alupka von den schlimmsten Bausünden verschont geblieben. In den verschlafenen steilen Gassen hat man noch eine Vorstellung, wie die Dörfer der Krim einmal aussahen. Nur wohnen in den Häusern nicht die

Familien, die einst dort wohnten. Eine Viertelstunde vom Palast entfernt liegt das Amet-Chan-Sultan-Museum. Es erinnert an den berühmtesten Sohn Alupkas und zugleich das größte sowjetische Flieger-Ass des Zweiten Weltkriegs. Im Garten steht sein nachgebautes Jagdflugzeug mit aufgemalten Sternchen für jeden Abschuss.

Es gab nur einen sorgfältig verborgenen Makel in seiner Biografie: Er gehörte einem Volk an, das Stalin pauschal als Volksverräter bestraft hatte. Nur einen Monat nach der Befreiung der Halbinsel wurden alle Krimtataren deportiert; 200.000 Menschen mussten auf einen Schlag, am 18. Mai 1944, ihre Häuser verlassen. Zehntausende starben auf dem Weg nach Zentralasien. Die Führung warf ihnen vor, mit den Deutschen kollaboriert zu haben.

In Alupka wohnten damals zu vier Fünfteln Krimtataren, erzählt Tefide Muchterem, die Leiterin des Museums; Fürst Woronzow hatte ihnen einst sogar eine große Moschee gebaut. Erst mit dem Ende der Sowjetunion, als letztes von allen deportierten Völkern des Reiches, konnten die Krimtataren in ihre Heimat zurückkehren. „Wir mussten uns regelrecht zurückkämpfen", sagt Tefide. Am Südufer der Krim, wo jedes Stück Land Gold wert ist, wollte man die Rückkehrer erst recht nicht. Auch Tefide sah die Heimat ihrer Eltern erst, als sie 28 Jahre alt war. Um den Hals trägt sie ein Tuch mit der Fahne der Krimtataren, einer goldenen Waage auf hellblauem Grund.

In dem Museum, das sie damals neu aufbaute, geht es eigentlich nicht um Amet-Chan Sultan. Es geht um den Versuch, die Hoheit über die eigene Vergangenheit zurückzuerobern, sich vom Vorwurf des Verrats reinzuwaschen. Im Saal im Erdgeschoß sind die Wände bedeckt mit Porträts von Krimtataren, die in der Roten Armee gekämpft haben. Über hundert waren es, die allein aus dem kleinen Dorf Alupka einberufen wurden, sagt Tefide. Sie kämpften und wussten nicht, dass daheim ihre Familien deportiert wurden. Amet-Chan war einer der wenigen Frontkämpfer, die die Deportation miterlebten, er war auf Heimaturlaub bei seiner Mutter. 22 Jahre war er da alt und trug bereits die höchste Auszeichnung des Landes, „Held der Sowjetunion". Seine Familie sollte die einzige sein, die in Alupka bleiben durfte.

Es gibt nicht mehr viele, die selbst von diesem Schicksalstag berichten können. Kemal Aga Kuku ist einer. Er ist 82 Jahre alt und sitzt in seinem Haus in Koreis, zwischen Alupka und Jalta. Weiter unten, zum Meer hin, liegt der Palast der Fürsten Jussupow, in dem während der Konferenz von Jalta Stalin wohnte. Koreis war ein kleines tatarisches Dorf, man lebte vom Tabakanbau, und manchmal konnte sich der kleine Kemal die Goldfische im Park der Jussupow-Villa anschauen, obwohl die schon damals dem gefürchteten Geheimdienst gehörte.

Im September 1941 kam der Krieg in Kemals Welt. Der Neunjährige sah, wie die Deutschen die

Mit 12 Jahren wurde Kemal Kuku deportiert, erst mit 60 kehrte er zurück. „Mein Groll wird mit mir sterben", sagt der Krimtatare.

Flüchtlingsschiffe bombardierten, die den Hafen in Jalta verließen. Die Schreie der Ertrinkenden waren bis hinauf ins Haus seiner Tante zu hören, sagt er. Zweieinhalb Jahre dauerte die Besatzung. Kemal tauschte Tabak mit den Soldaten und sah, wie eine russische Nachbarsfamilie erhängt wurde. Dass sein Vater vor Moskau im Kampf gegen die Deutschen gefallen war, konnte er nicht wissen. Am 18. Mai 1944 klopften nachts Uniformierte an die Tür. Es gab fünf Minuten Zeit zum Packen. Als Kemal Widerworte gab, wurde ihm eine Pistole in den Mund gesteckt. Er erinnert sich an die Angst und an die grüngelben Augen des Mannes. Drei Wochen lang fuhren sie im Viehwaggon bis nach Usbekistan, wo Kemal auf einer nach Stalin benannten Kolchose aufwuchs. Zweimal im Monat musste er sich auf der Polizei melden, bis die Krimtataren 1956 wieder Pässe bekamen. Zurückkehren in ihre Heimat durften sie nicht, und überall stieß er auf den Vorwurf, ein Verräter zu sein. „Manchmal möchte ich mir das Herz in Stücke reißen, damit mir keine Tränen kommen", sagt Kemal Aga.

Anfang der Neunziger, im Alter von 60 Jahren, zog Kemal Kuku zurück nach Koreis und baute sich ein Haus auf einem steilen Stück Land. Es steht nicht weit von seinem alten Elternhaus, wo nun andere Leute wohnten. Er räumte die Felsen beiseite und pflanzte einen Garten an. Das Tabakfeld über seinem Haus hatten andere Rückkehrer besetzt. So entstand neben dem alten Koreis eine neue krimtatarische Siedlung.

Den Traum der Krimtataren, einen rechtlichen Sonderstatus in ihrer alten Heimat zu erhalten, hat die Ukraine nicht erfüllt, und Kemal Aga grollt ihr deshalb. Er hat sogar den Anschluss der Krim an Russland öffentlich unterstützt, als einer von ganz wenigen Krimtataren. Dafür hat ihm das Moskauer Verteidigungsministerium eine Medaille verliehen: „Für die Rückkehr der Krim" steht darauf. Die krimtatarische Dachorganisation Medschlis war heftig gegen den Anschluss und nannte die Abstimmung dazu eine Farce. Kemal Aga dachte sich: Russland ist ein Vielvölkerstaat und eine Föderation, also kann es den Krimtataren mehr Autonomie gewähren als die Ukraine. Es missfiel ihm an der Medschlis auch, dass sie die gesamte sowjetische Vergangenheit verwarf. Er ist im Herzen Leninist geblieben.

Aber seine Hoffnungen erwiesen sich als naiv. 70 Jahre nach Stalins Deportation hat Putin einen Ukas zur „Rehabilitierung der Krimtataren" unterzeichnet, nur bedeutet der in der Praxis wenig. In der Schule muss sich Kemals Enkelin wieder hässliche Sprüche über die Krimtataren als Kollaborateure anhören. Stalin-Denkmäler werden aufgestellt. Und am 20. April haben Leute vom Inlandsgeheimdienst FSB seinen ältesten Sohn auf der Straße niedergeschlagen, nur dem Zufall und hilfreichen Passanten ist es zu verdanken, dass sie ihn nicht in ihr Auto stoßen und entführen konnten. Es sind schon viele Krimtataren auf diese Weise verschwunden. Der russische Geheimdienst setzt auf der Krim die rabiaten Mittel ein, die er im Kauka-

Seit Tschechows „Dame mit dem Hündchen" über die Promenade spazierte, hat sich das Publikum in Jalta verändert. Aber immer noch geht es um eines: Gesehen werden.

sus erprobt hat. In der Ukraine gab es so etwas nicht. Kemal Aga hat das Schächtelchen mit seiner Medaille „Für die Rückkehr der Krim" genommen und beim FSB protestiert. Ob etwas gegen seinen Sohn vorliege, fragte er. „Noch nicht. Aber irgendwas finden wir", sagten sie.

Immerhin hat ihm die Medaille in einer anderen Sache geholfen. Neben dem Gebäude des Dorf-Sowjets errichten sie gerade ein neues Denkmal. Es sind zehn Steinplatten mit 150 Namen von Männern, die in den Dörfern Koreis und Miskhor zur Roten Armee eingezogen wurden. Das Denkmal ist eine krimtatarische Initiative, es stieß auf heftigen Widerstand, sogar bei den örtlichen Veteranenorganisationen. Schließlich erinnert die Tafel unausgesprochen daran, wer in diesen Dörfern ursprünglich wohnte – die Hälfte der Namen sind krimtatarische. Die Tafeln hängen gleich neben dem Eingangstor des Jussupow-Parks. Auf dem Platz davor saß der kleine Kemal Kuku eine Nacht lang, im Mai 1944, und wartete mit den Krimtataren von Koreis auf die Lastwagen. Und hinter dem Tor wohnten im Februar 1945 Stalin und sein Geheimdienstchef Berija, die Kemal Kukus Deportation beschlossen hatten. Der Krieg war damals fast zu Ende, aber der Krieg um die Erinnerung, der ist längst nicht abgeschlossen.

Verbrecher an der Wiege der Raumfahrt

Auf der Ostseehalbinsel Peenemünde wurde bis Kriegsende an Hitlers vermeintlicher Wunderwaffe getüftelt. Einerseits erwies sich die V2 dann als tödlich, aber strategisch unwirksam, andererseits floss das Know-how ihrer Konstrukteure in die Raumfahrt der Sowjetunion und der USA.

FRIDO HÜTTER (TEXT)
MARIJA KANIŽAJ (FOTOS)

Als am 8. September 1944 im Londoner Vorort Chiswick eine Bombe einschlug, waren die Briten geschockt. Es hatte keinen Luftschutzalarm gegeben, und auch das typische Sirren des herabstürzenden Sprengkörpers war ausgeblieben. Auf der anderen Seite des Ärmelkanals herrschte eine Mischung aus Triumph und leiser Enttäuschung: Die Rakete „Aggregat 4", von Propagandaminister Joseph Goebbels zur V(ergeltungswaffe) 2 umgetauft, hatte seinen ersten echten Einsatz absolviert, das Ziel, die Innenstadt Londons zu treffen, aber verfehlt. Etwa 3200 weitere V2 sollten in der Folge in London, Antwerpen, Norwich, Paris, Lüttich, Lille und anderen Städten noch einschlagen und etwa 8000 Menschen, großteils Zivilisten, zu Tode bringen. Kriegsentscheidend konnte die „Wunderwaffe" nicht mehr werden.

Ein Lokalaugenschein im norddeutschen Peenemünde, jener Halbinsel in Mecklenburg-Vorpommern, auf der die wesentliche Entwicklungsphase der V2 stattfand. Die Strecke zum ehemaligen Todeslabor ist heute von Symbolen des freundlichen Zusammenlebens gesäumt. Blankgeputzte Einfamilienhäuser, eine Kinderkrippe, Schrebergärten und die Pension Wiesenperle sind darunter. Erreicht man nach etlichen Kilometern durch den hier fast obligaten Föhrenwald das Gelände, stechen zuallererst die Werbetafeln des kleinen Spielzeugmuseums ins Auge. Sarkastiker könnten nun daran erinnern, dass der Weg zur Hölle mit guten Vorsätzen gepflastert ist. Aber glücklicherweise sind das ja alles nachgekommene Einrichtungen.

Der ehemalige Hochbunker, ein kompaktes kleines Ungetüm aus Klinker, Stahl und Beton, ist die Schleuse auf das Areal. Hinter seinem Ausgang wird man der legendären Rakete ansichtig, 14 Meter hoch und 13 Tonnen schwer. Rund 700 Kilogramm explosives Verderben konnte sie in die Areale des erklärten Feindes tragen. Gestrichen ist sie im Schwarz-Weiß-Muster jenes V2-Modells, das im Mai 1943 einen erstmals erfolgreichen Zwei-Minuten-Flug geschafft hatte. Dahinter parkt eine S-Bahn-Garnitur aus der Nazizeit, die nach denen in Hamburg und Berlin dritte, die es in Deutschland gab. Ihre Geleise sind im Wald längst unter diverse Wurzeln geraten. Warum auch nicht, heute werden keine Zwangsarbeiter mehr hierher transportiert.

Die einzigen gut erhaltenen Hochbauten Peenemündes finden sich auf dem Areal des ehemaligen Kohlekraftwerks, einem mächtigen Klinkerbau im Stile der industriellen Gründerzeit. Wie in fast allen erhaltenen deutschen Nazi-Stätten wird auch hier der Opfer gedacht. In den ehemaligen Verwaltungsgebäuden neben dem Kraftwerk gibt es ein Museum, in welchem zwei Dauerausstellungen installiert sind. Und auch Live-Pädagogik: Zwei Klassen der Oberschule Walsrode sind soeben da, um sich das Bewusstsein um den Zusammenhang zwischen Forschung und Gesellschaft, zwischen Technik und moralischer Verantwortung schärfen zu lassen. 25 Mitarbeiter und ein Budget von 1,5 Millionen Euro stehen dafür zur Verfügung, ein verhältnismäßig bescheidener Aufwand.

Ein paar Touristen, einige mit Kindern, streifen durch das relativ kleine Areal. Ein etwa Fünfjähriger turnt unter der V2 herum, der Vater fotografiert. Weshalb sie gekommen seien? – „Och, ich wollte dat Ding mal mit eigenen Augen sehen", sagt der Mann. Die ästhetische Form des „Dings" und der glänzende Lack lassen wenig Ahnung von seiner vernichtenden und tödlichen Wirkung aufkommen.

Ein deutlich älteres Paar hat andere Motive: „Man muss sich doch mal anschauen, wo die Wiege der gesamten Weltraumfahrt war, hier bei uns, in Deutschland", sagt die Dame, und ihr Mann fügt hinzu: „Ohne die V2-Technik wären weder die Amis noch die Russen so bald ins All gekommen!"

Formal kann man das so sehen, aber wenn von der „Wiege der Raumfahrt" die Rede ist, gerät Doktor Philipp Aumann ordentlich in Saft. Er ist als Kurator für die Inhalte und den Ausstellungsbetrieb im Historisch-Technischen Museum Peenemünde verantwortlich und als solcher offenbar bemüht, die tatsächlichen Forschungsmotive auf dieser Halbinsel im allgemeinen Bewusstsein zu halten: „Diese Metapher passt mir in zweierlei Hinsicht nicht: Erstens wird das Ganze durch den Begriff Wiege zu vermenschlicht. Aber vor allem war es ja der Versuch, den totalen Krieg zu führen und zu gewinnen, indem man mittels Raketen jeden Platz der Erde zu einem Schlachtfeld machen kann." Und er setzt nach: „Eine Trennung

Attrappe einer V2 in Originalgröße auf dem Museumsgelände Peenemünde.

von Gesellschaft und Technik gibt es nicht, das wollen wir hier klar zeigen. Mit verbrecherischen Mitteln ist hier ein technisches Projekt für ein verbrecherisches Ziel hergestellt worden."

Der Vorstoß ins All sei sozusagen ein damals gar nicht groß beachteter Nebeneffekt gewesen, den Gesetzen der Ballistik geschuldet: „Die Raketen mussten große Höhen erreichen, um dann möglichst weit fliegen zu können", sagt Aumann. Tatsächlich stieg am 2. Juni 1944 eine V2 auf 174 Kilometer Höhe auf, also weit über die sogenannte Kármán-Linie, die zumindest theoretisch das Ende der Erdatmosphäre und den Eintritt ins All mit hundert Kilometern über dem Meeresspiegel angibt.

Bis dahin war Peenemünde aber auch ein Ort des Versagens und der Enttäuschung. Das archivierte Testprotokoll der V2-Abschüsse seit März 1942 ist voll von Desastern, wie „Explosion bei Zündung", „Absturz auf Pumpenhaus", „taumelte, verlor die Flossen", „Absturz in Pommern", „taumelte, explodierte" und so weiter.

Weit schlimmer als der Verlust an Material war in Peenemünde und in den später unterirdisch angelegten Fertigungshallen in Mittelbau-Dora der Blutzoll. Etwa 20.000 Menschen, zumeist aus Konzentrationslagern herbeigeschafft, verloren im Namen der deutschen Raketenforschung ihr Leben, faktisch eine ganze Kleinstadt. Weit mehr, als später die Waffe selbst töten sollte. Zumal die V2 aus Tausenden Einzelteilen bestand, waren die einzelnen Produktionsorte über das gesamte Herrschaftsgebiet der Nazis verstreut. Einer davon lag im oberösterreichischen Neukirchen an der Vöckla. Peenemünde diente gegen Schluss nur noch als Abschussbasis. Die letzte V2 schoss von hier aus am 27. März 1945 in den Himmel, ob und wen sie getroffen hat, ist nicht dokumentiert. Knapp fünf Wochen danach sollte der große Verderber Adolf Hitler in Berlin seinem Leben ein Ende setzen.

Sowohl Startrampen wie auch die eigentlichen Produktionsstätten im vorderen Teil der Halbinsel wurden von der Roten Armee 1945 erst entkernt und dann hingebungsvoll gesprengt. Allenfalls Grundmauern sind heute noch zu sehen. Und auch die sind zumeist von einer ebenso stürmischen wie verlässlichen Natur überwuchert worden. Und zumal das Gebiet bis 1990 von der Nationalen Volksarmee NVA Ostdeutschlands besetzt und für die Allgemeinheit gesperrt war, ergriffen deutsche Naturschützer die Gelegenheit. Die Deutsche Bundesstiftung für Umweltschutz kaufte die etwa zwölf Hektar des verwilderten Biotops auf und ließ sie weitgehend sperren. Zum Schutze eines sensiblen Biotops, darunter Seeadler und Kegelrobben, das sich über Jahrzehnte hinweg entwickelt hat. Zur weiteren Abschreckung lässt man auch verlauten, im Gestrüpp könnten sich noch scharfe Munition und lebensgefährliche Blindgänger befinden. Einige Paintball-vernarrte Typen aus der näheren Umgebung, so erzählt man uns, hält das nicht davon ab, nächtens auf dem historischen Areal ihre Spiel-Kriege zu führen. No risk, no fun.

Von den 5975 gebauten V2-Raketen existiert in Deutschland kein einziges Original mehr. Für das Technische Museum in München wurde aus diversen Einzelteilen ein Modell rekonstruiert. Und jenes im Park von Peenemünde ist bloß eine Attrappe.

Die Alliierten Streitkräfte hatten alle erbeuteten Geschoße vernichtet bzw. in ihre Heimatländer exportiert. Und so muss man heute, um eine originale „Vernichtungswaffe 2" zu sehen, entweder das Royal Airforce Museum in London oder die Washingtoner Smithsonian Institution aufsuchen.

Weit wertvoller als der Raketenschrott war indes die Beute an Intelligenz und Know-how. Vor allem die Amerikaner erkannten das sofort. Und so boten sie dem Chefkonstrukteur Wernher von Braun und Mitgliedern seines Teams die Übersiedelung in die USA an. Dazu bekamen die Ranghöchsten unter ihnen neue, geschönte Biografien (Operation Paperclip), die es zum Beispiel von Braun ermöglichten, als Entwickler der Saturn-Raketen und Wegbereiter zur ersten Mondlandung weltweit wie ein Popstar gefeiert zu werden und 25 Ehrendoktorate zu sammeln. Ungeachtet der Tatsache, dass er in Peenemünde für die unmenschliche Behandlung der Häftlinge mitverantwortlich war. Und erst nach dem Tod des blen-

Peenemünde heute: Hier bauten Wernher von Braun und andere Forscher Hitlers vermeintliche „Wunderwaffe".

Chefkurator Philipp Aumann: „Kein Forum für ungebrochenes Abfeiern von NS- und Weltkriegstechnologie".

dend aussehenden All-Stars wurde bekannt, dass er sogar Obersturmbannführer der Terrortruppe SS war.

Natürlich boten die Kenntnisse um die V2 die Grundlage für alle weiteren Raketen. Und Wernher von Braun war nur das bekannteste Beispiel eines Kriegsgewinnlers. Für die russische Seite klaubte deren Raketenpionier Sergej Sokolow die in Deutschland verbliebenen V2-Experten zusammen und verbrachte sie vorerst ins besetzte Thüringen. Doch bald ging es für die Techniker in Richtung Sowjetunion, für viele nicht ganz freiwillig. Jedenfalls war nun auf beiden Seiten genügendes Wissen, um einander im alsbald einsetzenden Kalten Krieg über ganze Kontinente hinweg bedrohen zu können.

Unter den Besuchern Peenemündes finden sich auch immer wieder NS-Nostalgiker: „Natürlich ist das auch ein Ort, der für Militaristen, Geschichtsrevisionisten eine starke Ausstrahlung hat", sagt Philipp Aumann, „ein Platz, wo man sich an die technische Überlegenheit Deutschlands erinnern kann. Wir werfen sie nicht raus, aber wir bieten ganz sicher kein Forum für ungebrochenes Abfeiern von NS- und Weltkriegstechnologie." Von der Rüstungsminister Albert Speer ganz am Ende einbekannte: „Sie war unser aufwendigstes Projekt und zugleich unser sinnlosestes."

Viele Amerikaner sehen das anders und kommen nach Peenemünde, weil es für sie eben den

Ursprung der daheim ungeheuer positiv aufgeladenen Raumfahrt darstellt. Mithin ein Grund, warum Wernher von Braun zu seinen Glanzzeiten eine Popularität vergleichbar mit jener von Marilyn Monroe oder Frank Sinatra hatte.

In Philipp Aumanns Büro findet sich eine Bronzebüste des von ihm nicht rasend verehrten von Braun, wie das? Philipp Aumann lächelt, leicht peinlich berührt: „Das ist eine Schenkung", erklärt er, „das Interessante ist ihre Herkunft. Die Künstlerin heißt Monika Steinhoff, Amerikanerin und hier geboren als Tochter von Ernst Steinhoff, dem Leiter der Steuerungsabteilung in Peenemünde, der auch mit Paperclip in die USA gegangen war." Zeitlebens habe sie mit ihrem Vater im Konflikt gelebt über das, was er im Krieg gemacht hat, weiß Aumann. „Im hohen Alter hat er aber bei ihr als Künstlerin diese Büste in Auftrag gegeben, und darüber sind sie einander vor seinem Tod wieder nähergekommen."

Nun sei das Werk dem Museum geschenkt worden, man überlege noch die Art seiner Präsentation. Noch steht sie in einer Ecke des Büroraumes. Aber erfahrungsgemäß waren stille Ecken kein Ort, an dem es Wernher von Braun länger gehalten hätte.

Das unverhoffte Geschenk: Büste Wernher von Brauns, made in USA.

Die Physiker

In der Abgeschiedenheit der Wüste New Mexicos entwickelten Forscher aus aller Welt die erste Atombombe. Sie war eigentlich für Deutschland bestimmt.

THOMAS GÖTZ (TEXT)
THOMAS GÖTZ UND APA PICTURE DESK (FOTOS)

Haus Nummer 109 East Palace Street in Santa Fe ist gut getarnt. Nichts deutet darauf hin, dass es einmal Captain Diego Arias de Quiros gehört hatte, dem Eroberer New Mexicos im 17. Jahrhundert. Kaum etwas erinnert daran, dass hier das wichtigste Kriegsprojekt der USA seinen geheimen Außenposten hatte.

Bunte Früchte hängen vom Vordach, wo der Captain einst die Skalps getöteter Indianer zur Abschreckung drapiert hatte. Im Innenhof stapelt sich auf Leiterwagen mexikanisches Kunsthandwerk – bunte Flamencotänzerinnen, Fantasietiere, Flugzeuge, Skelette und Teufel aus Ton. An der Rückwand des Patios hängt eine unscheinbare Bronzetafel. Nüchtern steht da zu lesen: „All die Männer und Frauen, die die erste Atombombe gebaut haben, passierten dieses Tor, um zu ihrer geheimen Mission in Los Alamos zu gelangen. Dass sie in 27 Monaten die Waffe schufen, die den Zweiten Weltkrieg beendete, war eine der größten wissenschaftlichen Errungenschaften aller Zeiten."

Hier war das Reich von Dorothy McKibbin. Die alleinerziehende 45-jährige Mutter hatte sich 1942 um eine gut bezahlte Stelle als Sekretärin beworben. Was genau sie zu tun haben würde, sagte ihr der Herr mit dem Schlapphut und den intensiven blauen Augen, der das knappe Gespräch mit ihr führte, nicht. „Sekretärinnenarbeit." Sie nahm den Job und fragte nicht weiter.

109 East Palace Street in Santa Fe: Hier musste jeder durch, der ins Geheimlabor nach Los Alamos wollte. Heute verkauft man hier Souvenirs.

So genau wusste es der Fremde auch noch nicht, was auf sie alle zukommen sollte. J. Robert Oppenheimer galt zwar als brillanter Physiker, aber auch als weltfremd. Jahrelang hatte er weder Zeitungen gelesen noch Radio gehört. Ihn interessierten – neben der Physik – religiöse indische Schriften und die metaphysischen Dichter Englands, besonders John Donne. Zeitgenossen beschreiben Oppenheimer als charmanten Schöngeist, der sechs Sprachen beherrschte, aber Dummheit nicht gut ertragen konnte und das auch nicht verhehlte. Erst der Aufstieg Hitlers in Deutschland, wo seine Großeltern einst hergekommen waren und wo er selbst einige Zeit studiert hatte, weckte sein Interesse an Politik.

Die Politik brachte ihn in die verschlafene Hauptstadt des Bundesstaates New Mexico, Santa Fe. Der amerikanische Präsident, alarmiert von Berichten, die Nationalsozialisten arbeiteten an einer Atombombe, ordnete massive Investitionen in die unterentwickelte amerikanische Atomforschung an. Oppenheimer sollte die Operation gemeinsam mit General Leslie R. Groves leiten. Gemeinsam hatte das ungleiche Paar den entlegenen Ort auf einem wüstenhaften Hochplateau in der Nähe von Santa Fe ausgewählt, gemeinsam mussten sie in dem unwegsamen Gelände nun hochkomplexe Forschungslabors einrichten.

Oppie, wie die Kollegen Oppenheimer nannten, kannte den Ort schon lange. Mit seinem Bruder Frank hatte er in den Zwanzigerjahren eine

Nur eine unscheinbare Bronzetafel erinnert an den wichtigen Außenposten von Los Alamos in Santa Fe.

schlichte Waldhütte in der Gegend gekauft, als Rückzugsort zum Reiten und Wandern. „Ich liebe die Wüste und die Physik", pflegte er zu sagen. „Schade, dass ich die beiden nicht kombinieren kann." Das sollte nun anders werden.

Heute ist die Straße vorbei an den alten Felsensiedlungen der Hopitu-Indianer – der „Menschen des Friedens" – bequem zu befahren. Nichts ist von dem abenteuerlichen Karrenweg geblieben, der den Frauen der jungen Wissenschaftler Angst und Schrecken eingejagt hatte, als sie Anfang 1943 zum ersten Mal in die Gegend kamen. Morastig war es hier in der Regensaison, ausgedörrt in der heißen Jahreszeit. Auf dem Plateau stand lediglich die Los Alamos Ranch School. Die Schulgründer hatten den entlegenen, unwirtlichen Ort 1917 für ihr Internat gewählt, um hier verwöhnte Stadtkinder abzuhärten. Nun mussten die Schüler weichen. In ihre spartanischen, unversperrbaren Schlafsäle zogen fürs Erste die besten Atomphysiker ein, die das Land damals hatte. Viele von ihnen, wie Edward Teller, Hans Bethe und Enrico Fermi, waren vor Nationalsozialismus und Faschismus geflohen. Sie waren hoch motiviert, eine vernichtende Waffe gegen die autoritären Regime Europas zu entwickeln.

All das sollte geheim bleiben, und dafür musste Dorothy McKibbin sorgen. Im schlichten Raum in 109 East Palace Road, Santa Fe, stellte sie Passierscheine aus, ohne die niemand das umzäunte Gelände 50 Kilometer nördlich der Stadt betreten durfte. Sie holte Gäste vom Bahnhof ab, sorgte für sie und leitete die Post weiter. „Box 1663" war der einzige Anhaltspunkt für Freunde und Verwandte, die keine Ahnung haben durften, wohin ihre Lieben verschwunden waren und was sie in ihrer monatelangen Abwesenheit eigentlich taten.

Jennet Conant, die Enkelin von James B. Conant, der als Präsident der Harvard-Universität eine wichtige Rolle beim Aufbau des „Manhattan Project" genannten Unternehmens spielte, schildert die Folge dieser rigiden Geheimhaltung für die Familien. Noch lange nach dem Krieg erlebte sie die Atmosphäre im Haus der Großeltern als bedrückend. Der Zwang, über wichtige Dinge jahrelang zu lügen oder zumindest zu schweigen, hatte das Vertrauensverhältnis zwischen ihren Großeltern nachhaltig zerrüttet, empfand sie.

Es ist schwer vorstellbar, dass mit der Zeit aus den paar Baracken auf dem Hochplateau eine Kleinstadt für 6000 Menschen entstehen konnte, ohne dass es jemandem auffiel. Robert Serber, ein Schüler Oppenheimers, der in Los Alamos eine zentrale Rolle spielte, schilderte Jahre später, wie die Forscher die Bevölkerung in die Irre zu führen versuchten. Raketen wolle man bauen, erwähnte er beiläufig an einer Bar in Santa Fe. Aber das Desinteresse der schon etwas angeheiterten Ortsbewohner hätte größer nicht sein können, erinnert er sich im Dokumentationsfilm „The Day after Trinity". Santa Fe ahnte wohl wirklich nicht, was da vor der Haustür vor sich ging, oder wollte es nicht wissen.

Andere wussten es wohl. Am 4. Februar 1950 publizierte die New York Times eine schockierende Nachricht. Der Physiker Klaus Fuchs, den die Militärs für vertrauenswürdig erachtet hatten, war ein Sowjet-Spion. Oppenheimer und seine Leute hatten dem sympathischen Mann sogar die Herausgabe ihrer gesamten Forschungsergebnisse anvertraut. Diese 25-bändige „Los Alamos Encyclopedia" kannten also auch die Sowjets.

Was die Forscher in 27 Monaten rastloser Arbeit entwickelten, steht heute als Attrappe im kleinen Museum im Ort: „Little Boy", die mit Uran bestückte Atombombe, die am 6. August 1945 Hiroshima dem Erdboden gleichgemacht hat, und „Fat Man", die weit stärkere Plutoniumbombe, die Nagasaki drei Tage später nur teilweise zerstörte, weil sie das Zentrum verfehlte. Wie bunte Spielzeug-U-Boote stehen sie da, als stünde ihr Einsatz noch bevor. Nur ein paar Fotos an der Wand erinnern an die Opfer. Der große Teil der Schau gilt einer wissenschaftlichen Großtat und dem politischen Sieg, den sie möglich gemacht hat. Der Ort, wo bis heute Nuklearforschung betrieben wird, hat sich mit den Schattenseiten seiner Geschichte offensichtlich nicht befasst. Nationale Selbstvergewisserung behindert bis heute eine differenzierte Darstellung des Geschehenen.

Die harmlose Ausstellung wird auch dem Kampf nicht gerecht, der hier unter den Erfindern der Bombe selbst ausgefochten worden war.

Den Forschern waren die Folgen ihres Tuns durchaus klar. Eine deutsche Stadt sollte dem Erdboden gleichgemacht werden – die Rede war von Mannheim, Ludwigshafen oder Berlin –, um das nationalsozialistische Regime zur Kapitulation zu zwingen. Das motivierte die Männer, das ließ sie auch die Frage nach den Folgen ausblenden. Dann aber kam der 8. Mai 1945, der Tag des Sieges in Europa. Wozu jetzt noch die Bombe bauen, fragten sich einige. Sollte sie nun auf Japan geworfen werden?

Für Emilio Segrè war die Entwicklung dieser verheerenden Zerstörungswaffe vor allem mit der Bekämpfung Hitlers zu begründen, wie er in seinen Erinnerungen schreibt. „Für mich war Hitler die Personifizierung des Bösen und die wichtigste Rechtfertigung für die Arbeit an der Atombombe. Nun, da die Bombe nicht mehr gegen die Nazis eingesetzt werden konnte, erhoben sich Zweifel. Diese Zweifel, auch wenn sie nicht in offiziellen Reports aufscheinen, kamen in vielen privaten Gesprächen ans Licht." James Franck, der Oppenheimer schon in Götting unterrichtet hatte, und andere fürchteten, der Überraschungsangriff auf Japan würde Amerikas Glaubwürdigkeit zerstören und in einen Rüstungswettlauf münden.

Oppenheimer sah das damals nicht so. „Das Labor arbeitet unter der Direktive, Waffen zu produzieren, diese Direktive wurde und wird strikt umgesetzt", schrieb er General Groves

Modelle der beiden ersten Atombomben, „Little Boy" und „Fat Man", im Museum von Los Alamos.

beruhigend nach der Kapitulation Deutschlands. Und seine Mitarbeiter ließ er in einem Rundschreiben wissen: „Die Bedeutung dieses Projekts endet nicht mit dem Zusammenbruch Deutschlands. Wir müssen noch den Krieg gegen Japan gewinnen. Ihre Arbeit muss ohne Unterbrechung und Verzögerung weitergehen, und sie muss weiterhin geheim bleiben."

Der Durchbruch stand knapp bevor. Fast 500 Kilometer südlich von Los Alamos ragte bereits ein eiserner Turm aus der Wüste, an dem die Bombe befestigt werden sollte. „Trinity-Test" nannte Oppenheimer das riskante Experiment. Auf die Frage, warum Dreifaltigkeit, zitierte er John Donne: „Zerschmettere mein Herz, dreieiniger Gott". Aus dem Beginn des 14. der rätselhaften „Holy Sonnets" las der Erfinder Bezüge zu ihrer Arbeit. Am „Trinity Site", dort, wo heute ein steinerner Obelisk an die erste Detonation einer Atombombe erinnert, wurden indessen prosaisch Kabel verlegt, Straßen durch die Wüste gebahnt, die wenigen Farmen abgelöst. Wer nicht gehen wollte, dem zerschossen die Soldaten die Wasserspeicher, das half.

Den wahren Grund für ihre Vertreibung durften die Einheimischen nicht erfahren. In den frühen Morgenstunden des 16. Juli 1945 erhellte der grelle Blitz einer Plutoniumbombe das weite Tal taghell. Aus den Nachrichten erfuhren die Hörer nichts davon. „Das Waffenlager der Alamogorde Air Base ist explodiert", meldete das Radio getreu

Filzpatschen gegen die Strahlung: General Leslie Groves (rechts) mit J. Robert Oppenheimer an Trinity-Site, dem Explosionspunkt der ersten Atombombe in New Mexico.

den militärischen Vorgaben am Tag danach. „Es gibt keine Toten." Farmer berichten später von Flecken auf dem Fell der Kühe, von Fallout hatten sie noch nie gehört. Die Forscher begeisterten sich am Sand, der zu Glas geworden war. „Trinitit" nannten sie das Material. Das Stück, das der Harvard-Professor Conant, dessen Enkelin später die Geschichte von Los Alamos erzählen sollte, in seinem Schreibtisch aufbewahrt hatte, bringt Geigerzähler noch immer zum Ticken.

Der Begeisterungstaumel in Los Alamos wich langsam dem Entsetzen. Manchem Forscher war schon Stunden nach der Explosion in der Wüste von New Mexico nicht mehr zum Feiern zumute. Bob Wilson, der empfindlichste unter ihnen, sagte einfach: „Es ist ein schreckliches Ding, das wir da gebaut haben." Auch Dorothy McKibbin, der Sekretärin in Santa Fe, entging das entscheidend Neue nicht. „Alles war anders", schrieb sie, die den Feuerball unerlaubt beobachtet hatte. „Die Welt hat sich verändert." Der Forscher Sam Allison formulierte drastisch, aber realistisch: „Sie werden dieses Ding nehmen und damit Hunderte Japaner braten."

Genau das war schon seit Mai beschlossen. Der Pilot des Bombers Enola Gay, der „Little Boy" ins Ziel tragen sollte, ließ sich in Los Alamos instruieren, wie er am besten abdrehen sollte, um nicht mit der Bombe zu verglühen. „159 Grad", riet ihm Oppenheimer. „Sonst wird niemand mehr wissen, dass Sie dort waren." Als Ziel des ersten Abwurfs wählten die Militärs Hiroshima, weil dort die Mitsubishi-Fabrik stand, aus der die Torpedos stammten, mit denen Pearl Harbor vier Jahre zuvor angegriffen worden war. Um die Auswirkungen des Bombardements deutlich zu machen, sollte die Stadt von konventionellen Bomben verschont bleiben. Die Idee, den Japanern eine Detonation nur zu zeigen, um sie zur Kapitulation zu drängen, wurde mit dem Hinweis auf den Kriegerstolz des Gegners verworfen. Der Hohn, der aus Premierminister Suzukis Ablehnung der Kapitulationsaufforderung der Potsdamer Konferenz klang, schien die Annahme zu bestätigen.

„Die Kraft, von der die Sonne ihre Macht hat, wurde entfesselt gegen die, die Krieg in den Fernen Osten brachten", sagte US-Präsident Harry Truman nach dem Abwurf der Bombe auf Hiroshima im Radio. Bob Wilson wird von Entsetzen und Übelkeit erfasst und muss sich übergeben. „Wenige von uns konnten eine moralische Rechtfertigung sehen, eine zweite Bombe abzuwerfen. Die meisten von uns dachten, die Japaner hätten auch so in ein paar Tagen kapituliert", erinnert sich Otto Frisch. Oppenheimer sah es nüchterner. „Wir waren im Krieg, und es war notwendig und richtig für uns, Bomben herzustellen. Wenn unsere Entdeckung politisch weise genutzt wird, kann sie helfen, die Möglichkeiten künftiger Kriege zu verringern."

Nach der Kapitulation Japans flog er mit einigen seiner engsten Mitarbeiter nach Hiroshima, um die Wirkungen ihrer Erfindung zu sehen. Die Reise muss ihn tief erschüttert haben. In den Jahren nach dem Krieg tat er alles, ein Wettrüsten aufzuhalten. Zwei Jahre vor seinem Tod durch Kehlkopfkrebs im Jahr 1967 erwiderte Oppenheimer auf die Frage, ob man den Rüstungswettlauf noch stoppen könnte: „Es ist zu spät. Das hätte man am Tag nach Trinity machen müssen." Das war der 17. Juli 1945.

In Hiroshima starben 92.000 Menschen sofort – fast ausschließlich Zivilisten und von der japanischen Armee verschleppte Zwangsarbeiter. An Folgeschäden starben bis Jahresende 1945 weitere 130.000 Menschen. In Nagasaki starben 22.000 Menschen sofort. Die radioaktive Verstrahlung raffte zwischen 70.000 und 80.000 Menschen in den Folgemonaten dahin.

Das Manhattan-Projekt hat zwei Milliarden Dollar verschlungen. Das entspricht einem heutigen Wert von etwa 20 Milliarden Euro.

Heute lagern in den Waffenarsenalen der neun Atommächte USA, Russland, Frankreich, Großbritannien, China, Indien, Pakistan, Israel und Nordkorea 16.300 atomare Sprengköpfe, die meisten von ihnen in Russland.

Am 6. August 1945 detonierte die vom US-Bomber Enola Gay abgeworfene Atombombe „Little Boy" in etwa 600 m Höhe über dem bis dahin von Bombardierungen verschont gebliebenen Hiroshima.

Der vergessene Ritter

„Damit Gotha leben kann, muss ich sterben": Josef Ritter von Gadolla bot dem Wahnsinn der Nazis die Stirn und rettete damit Tausende. Beim Besuch in der thüringischen Stadt, die der Grazer Offizier knapp vor Kriegsende vor dem Inferno bewahrte, stießen wir auf Vergessene und Vergessende. Auf starke Männerhände und gläubige Atheisten. Und auf eine berühmte Frau in einer Urne.

MANUELA SWOBODA (TEXT)
MARCUS SCHEIDEL (FOTOS)

*„Nach ‚lieben' ist ‚helfen' das schönste
Zeitwort der Welt."*

„Wenn Sie nicht sofort verschwinden, rufen wir die Polizei!" Wie Zerberus kläfft uns ein Mitarbeiter des Flüchtlingsheims vor dem Eingang an, dreht sich um und knallt die gelbe Glastür zu. Die Nationalsozialisten hatten das Gebäude mit den ehemaligen Flaktürmen errichtet, die Kommunisten machten daraus eine technische Fachschule, heute ist das verwahrloste Areal eines von zwei Migrantenlagern im thüringischen Gotha.

Beim Hintereingang hocken Männer, Kinder und Frauen zusammen, auf Campingsesseln. Gekrümmte Haltung, aufrechte Frage: „Haben Sie Arbeit für mich?", meldet sich ein Mittvierziger in gebrochenem Deutsch und streckt seine Arme wie zum Beweis entgegen: „Gute, starke Hände." Seit zwei Tagen ist der Hilfe suchende Serbe mit seiner Frau und den vier Kindern hier, „die es besser haben sollen". Endstation Hoffnung.

Zerberus taucht wieder auf, wild gestikulierend. Nur mühsam lässt er sich beruhigen. „Sie müssen uns schon verstehen! Wir leben in einer Zeit, in der Asylantenheime wieder abgefackelt werden. Die Ausländerfeindlichkeit bei uns ist gewaltig", sagt der graumelierte Sozialarbeiter im Holzfällerhemd. „Aber es sind doch Menschen!" Auch seine Vorfahren waren Flüchtlinge, von den Nazis vertriebene Donauschwaben.

Endstation Hoffnung: Flüchtlingslager in Gotha.

„Es ist eine bekannte Tatsache, dass man mit gewissen Schlagworten der leichtgläubigen Menge nach Belieben Sand in die Augen streuen kann."

Später dann, in der schmucken Altstadt von Gotha. Flugblätter kleben an Wänden und Auslagenscheiben: „Deutsche Politik für deutsche Interessen! Überfremdung stoppen!" Aufrufe zu einer Demonstration. Nicht am Montag, wie zu Zeiten des Kommunismus, sondern am Samstag. Die aschgrauen Plattenbauten an der Peripherie, die sogenannten „Arbeiterschließfächer" mit ihren Schachtelbalkonen, und die vielen Graffitis an den Hauswänden in der Innenstadt, die noch häufig grell gegen den „Klassenfeind" wettern, zeugen davon, dass die fünftgrößte Stadt in Thüringen, im „grünen Herzen Deutschlands", bis 1989 Teil der DDR war.

Seit neun Jahren ist Knut Kreuch Oberbürgermeister von Gotha. Der SPD-Politiker residiert im „Roten Rathaus", was in dem Fall nicht die Gesinnung der Verwaltung, sondern schlicht die Wandfarbe benennt. Der 49-Jährige erklärt das Aufkeimen des Rassismus in seiner Stadt wie in allen Ländern der ehemaligen DDR mit einem Filmtitel von Rainer Werner Fassbinder: „,Angst essen Seele auf'. Die Menschen fürchten um ihre Arbeit, ihre Renten. Sie sorgen sich, dass sie nur noch zwei- statt dreimal in Urlaub fahren können." Kreuch wird allerdings auch nicht müde, seinen Bürgern gebetsmühlenartig zu predigen: „Denkt daran, es war ein Ausländer, der uns den Frieden brachte – Josef Ritter von Gadolla!"

„Die Waffen nieder!"

Gotha ehrte seinen Helden Gadolla früh. In Österreich war hingegen noch viele Jahrzehnte nach dem Zweiten Weltkrieg wenig bekannt über diesen Grazer Offizier, der als Kampfkommandant der deutschen Wehrmacht in Gotha bewusst gegen den „Nerobefehl" Hitlers gehandelt hatte, nämlich die Stadt zu zerstören, ehe die Alliierten sie einnehmen konnten. Gadolla, 1897 in eine steirische Adelsfamilie geboren, hatte schon im Ersten Weltkrieg gekämpft. Der Sohn eines katholischen Rittmeisters, der durch 1918 im Südtiroler Monte-Grappa-Gebiet erlittene Kopf- und Knieverletzungen zu 80 Prozent Invalide war, widersetzte sich der nationalsozialistischen Kriegsführung „bis zum letzten Mann", dem zynischen Prinzip der „verbrannten Erde": Und er bezahlte dafür mit seinem Leben. Am 5. April 1945, drei Tage vor Kriegsende, wurde Josef Ritter von Gadolla im Alter von 48 Jahren als Befehlsverweigerer in Weimar hingerichtet.

Der Grazer Oberst Manfred Oswald hat wesentlich dazu beigetragen, dass „die Seele von Gotha", wie der Oberbürgermeister der Stadt den sich aufopfernden Gadolla nennt, nicht in Vergessenheit gerät. Speziell auch in Graz selbst, wo mittlerweile mehrfach an ihn erinnert wird. Etwa mit einer Gedenkstele vor der Münzgrabenkirche, in der Gadolla getauft wurde. Mit einem Wegnamen in Puntigam. Oder seit Kurzem auch mit dem Gadollaplatz, auf dem das neu errichtete Styria Media Center steht, die Zentrale des Medienkonzerns Styria vis-à-vis der Stadthalle.

„Nicht unseren Vorvätern wollen wir trachten, uns würdig zu zeigen – nein: unseren Enkelkindern!"

Es gibt keinen besseren Begleiter für eine Gadolla-Spurensuche in Gotha als den pensionierten Oberst Oswald. Der 74-Jährige ist ein wandelndes Lexikon und ein sprudelndes Archiv für Zeitgeschichte. In seiner 35-jährigen Karriere, die ihn bis zum leitenden Fernmelde-Offizier des Militärkommandos Steiermark führte, bemühte sich Oswald beharrlich, den Menschenrechtsgedanken im Österreichischen Bundesheer zu verankern. 2009 wurde er mit dem Menschenrechtspreis des Landes Steiermark ausgezeichnet.

Seinem Credo, „Stachel im Fleisch" sein zu wollen, ist es unter anderem zu verdanken, dass eine Gedenktafel wie jene auf dem Schießplatz Felifierhof in Graz-Wetzelsdorf an die Massenhinrichtungen der Wehrmacht in den Kriegsjahren erinnert. Gedenkstätten, am besten „im Herzen der Stadt", sind für Oswald „Orte des Lernens" für heutige und kommende Generationen. So initiierte der Oberst im Unruhestand auch das Inschriftprojekt des deutschen Künstlers Jochen Gerz, das am Plafond des Grazer Burgtors an die

Oberst Manfred Oswald bei der Urne von Friedensnobelpreisträgerin Bertha von Suttner.

Opfer des Nationalsozialismus und an die Gräueltaten Sigfried Uiberreithers erinnert. Oswald hatte den ehemaligen NS-Gauleiter für die Steiermark nachträglich enttarnt, der bis zu dessen Tod 1984 in Sindelfingen unter neuer Identität unbehelligt leben konnte.

„Gadolla war ein Held der anderen Art", sagt Oswald vor der Gadolla-Gedenkstele in Gotha, „er konnte keinem Befehl mehr gehorchen, außer dem seines Gewissens. Zum Schutz der Zivilbevölkerung, die schon unter Artilleriebeschuss und Tieffliegerangriffen litt, ließ er als Kampfkommandant am 4. April 1945 auf Schloss Friedenstein, wo sich die Wehrmacht einquartiert hatte, weiße Fahnen hissen. Nachdem er die Reste des Volkssturms nach Hause geschickt hatte, fuhr er zwei Mal als Parlamentär in Begleitung eines Mitglieds der Stadtverwaltung mit einer weißen Armbinde an der Uniform und einer weißen Fahne an der Kühlerhaube seines Dienstwagens den Amerikanern entgegen, um die Stadt ohne Widerstand an die heranrückenden US-Truppen zu übergeben." Die Thüringer Historikerin Helga Raschke, die seit den Sechzigerjahren über den Retter ihrer Heimatstadt forscht, assistiert dem Oberst: „Von jungen Soldaten eines Flak-Bataillons bei seiner zweiten Parlamentärsfahrt zu den Amerikanern abgefangen, wurde Gadolla noch am selben Tag zum Tode verurteilt und tags darauf von der NS-Militärjustiz als Verräter in Weimar standrechtlich erschossen."

„Ich habe dieses alles als Idealist getan, um die Stadt nicht ganz dem Verfall und Tod zu übergeben", hatte sich Gadolla laut Gerichtsprotokoll zuvor noch verteidigt, "so hätten es wohl mehrere gemacht, die in meiner Haut gesteckt hätten." Ein Pfarrvikar begleitete den Todeskandidaten am nächsten Morgen zur Exekutionsstätte und bezeugte dessen letzte Worte: "Damit Gotha leben kann, muss ich sterben." Dann folgten die Salven.

"Witwenschaft ist meist die einzige Entschädigung, die eine Frau für die Ehe bekommt."

Gadollas Frau Alma – eine gebürtige Laibacherin und Tochter des Kantinenwirts der Garnison, die er "unstandesgemäß" 1924 geheiratet hatte – lebte zu der Zeit mit ihrer hochschwangeren Tochter Inge nicht mit ihm in Gotha, sondern aus Sicherheitsgründen im bayrischen Marktredwitz. Beide schlugen sich nach Kriegsende und der Nachricht vom Tod ihres Mannes respektive Vaters auf einer abenteuerlichen Odyssee nach Graz durch. Als Witwe eines "Befehlsverweigerers" musste Alma zunächst in bitterer Armut darben und erhielt erst 1947 über Intervention von ÖVP-Obmann Alfons Gorbach einen Pachtvertrag für eine Tabak-Trafik in der Grazer Rechbauerstraße. Ein Jahr später wurde Gadolla von der Republik Österreich rehabilitiert, wodurch Alma endlich zu einer Witwenpension kam (die rechtsverbindliche Aufhebung des NS-Urteils über Gadolla und dessen Rehabilitierung in Deutschland erfolgte übrigens erst 1997!). Tochter Inge wanderte 1950 nach Australien aus, wo sie 1999 in Sydney im Alter von 73 Jahren verstarb.

Hochzeitsfoto von Alma Sampl und Josef Ritter von Gadolla.

*„Der nächste Krieg wird von einer
Furchtbarkeit sein wie noch keiner seiner
Vorgänger."*

70 Jahre nach Kriegsende hat sich die Innenstadt von Gotha in Schale geworfen. Die Bürgerhäuser frisch gefärbelt, das Kopfsteinpflaster wie gewienert, und vom Thron herunter schaut das frühbarocke Prachtschloss Friedenstein, letztlich unversehrt von allen Kriegen und Regierungen. Heute lässt im Schlosspark der Frühling die Linden duften, die Magnolien strahlen. Es war in dieser Jahreszeit, als der gläubige Katholik Gadolla im Ostturm des Schlosses in der Kommandozentrale grübelte und das Schicksal von Gotha in der Hand hatte.

Mit seiner Kapitulation entschied er letztlich auch über das Los der Inhaftierten im Zwangsarbeitslager Ohrdruf, nur 13 Kilometer südlich von Gotha. Dort hatten die Nationalsozialisten ein Außenlager des keine 70 Kilometer von Gotha entfernten Konzentrationslagers Buchenwald eingerichtet. Ohrdruf war in den letzten Monaten des Zweiten Weltkriegs ein „Krankenrevier", in das die nicht mehr arbeitsfähigen Häftlinge eines streng geheimen Bauprojekts im nahe gelegenen Jonastal verfrachtet wurden. Lange gab es Gerüchte um Stätten zum Atomwaffenbau, jüngste Erkenntnisse sagen aber, dass es sich bei den 25 in die markanten Felsen und Steilhänge des Tals gesprengten Stollen um Bunkeranlagen handelte, die Adolf Hitler als letztes Führerhauptquartier hätten dienen sollen.

„Teilweise barfuß mussten die Häftlinge anfangs im Drei- und später im Zweischichtsystem rund um die Uhr Stollen in die Felsen des Jonastals treiben", schildert Helga Raschke das Elend der 14.000 Arbeitssklaven. Als die Fronten immer näher rückten, kannte die Brutalität der SS keine Grenzen mehr. „Wer nicht mehr arbeiten konnte, endete im Krematorium. Von den zu Tode gekommenen 7000 Häftlingen starben allein 40 Prozent bei Strafappellen vor Hunger, Kälte, Erschöpfung oder Krankheit, weitere 2700 kamen auf den Todesmärschen in Richtung Buchenwald oder in andere Stammlager ums Leben", erklärt Raschke. Was die Amerikaner bei der Befreiung des Lagers Ohrdruf vorfanden, war bestürzend: Auf einem mit doppeltem Stacheldrahtzaun umspannten Areal standen elende Baracken, auf dem Appellplatz lagen Dutzende abgemagerte tote Männer in gestreiften Drillichanzügen. Dwight D. Eisenhower selbst – damals Oberbefehlshaber der US-Army in Europa und später Präsident – sah das Unfassbare mit eigenen Augen und ließ es dokumentieren. Es waren die Fotos aus Ohrdruf, die die Amerikaner zu Hause als Erstes zu Gesicht bekamen, wenn von Konzentrationslagern der Nazis die Rede war.

General Eisenhower schrieb am 15. April 1945 an seine Frau: „Die Dinge, die ich sah, spotten jeder Beschreibung. Die sichtbaren Beweise und Zeugenaussagen über Hunger, Grausamkeit und Bestialität waren überwältigend. Ich habe diesen Besuch in der Absicht gemacht, um als Augenzeuge dienen zu können, wenn es in der Zukunft einen Versuch geben sollte, diese Dinge als Propaganda abzutun." Deshalb ist Ohrdruf in den USA auch bekannter als Auschwitz – die Fotos vom KZ Auschwitz in Südpolen, vom größten Vernichtungslager des Dritten Reichs, hatten nämlich die Russen gemacht. Heute erinnert ein Mahnmal an die Frevel der Nazis im Jonastal. Vor ein paar Wochen wurde es – gerade erst für die 70-Jahr-Gedenkfeiern zur Befreiung des Lagers Ohrdruf renoviert – von Unbekannten geschändet.

„Wer die Opfer nicht schreien hören, nicht zucken sehen kann, dem es aber, sobald er außer Seh- und Hörweite ist, gleichgültig ist, dass es schreit und zuckt – der hat wohl Nerven, aber Herz hat er nicht."

„Wenn die Alliierten Gotha bombardiert hätten, wären wohl auch die Zeugen der Kriegsverbrechen getötet worden", glaubt Gadolla-Experte Oswald, „und all die Schandtaten der Nazis in und um Gotha wären vermutlich gar nie ans Licht gekommen, wenn Gadolla sich nicht dem ‚Führerbefehl' widersetzt hätte." Helga Raschke denkt genauso. „Es braucht immer Menschen, die gegen den Strom schwimmen. Sonst wäre die Historie noch blutiger, als sie ohnehin schon ist", sagt die agile 79-Jährige.

2012 wurde Josef Ritter von Gadolla offiziell als Märtyrer anerkannt. In Gotha, wo Zivilcourage erst von den Nazis und dann von den Kommu-

JOSEF RITTER VON GADOLLA
14. Januar 1897 – 5. April 1945

„DAMIT GOTHA LEBEN KANN, MUSS ICH STERBEN"

Wenige Wochen vor Ende des Zweiten Weltkrieges wurde der österreichische Offizier Josef Ritter von Gadolla am 1. Februar 1945 zum „Kampfkommandanten" der Stadt Gotha ernannt. Sein Auftrag lautete, die Stadt um jeden Preis zu verteidigen.

Als am 3. April amerikanische Truppen vor Gotha standen, fasste Gadolla den mutigen Entschluss, das Wohl der Stadt über einen sinnlos gewordenen Befehl zu stellen. Er ließ die Wehrmachtssoldaten abziehen und weiße Fahnen auf dem Schloss und anderen Gebäuden hissen.

Gadolla fuhr den Amerikanern als Unterhändler entgegen, wurde jedoch abgefangen und nach Weimar überstellt. Dort verurteilte ihn ein Standgericht zum Tode. Ein Priester überlieferte Gadollas letzte Worte: „Damit Gotha leben kann, muss ich sterben". Am Morgen des 5. April 1945 wurde er erschossen. Einen Tag zuvor bereits waren amerikanische Soldaten kampflos in die Stadt Gotha einmarschiert.

Gadollas Zivilcourage hat unzähligen Menschen das Leben gerettet. Er bewahrte die ihm anvertraute Stadt Gotha und Schloss Friedenstein vor der Zerstörung.

Gadolla-Gedenkstele in Gotha, wie es sie auch vor der Münzgrabenkirche in Graz gibt.

nisten häufig schon im Keim erstickt wurde, hat die Historikerin ein Vierteljahrhundert nach dem Mauerfall kein Problem, im Gothaer „Gewerkschaftsladen", in dem es noch ein wenig nach Genossenschaft riecht, über Gadolla zu referieren. „Staat. Nation. Kapital. Scheiße" hat jemand auf eine Hauswand gegenüber gekritzelt. Die eine Vergangenheit ist vergessen, die andere Vergangenheit noch zu nah. Großbuchstaben als Ventile für die latente Unzufriedenheit.

„Das Gedächtnis der Menschen ist so furchtbar kurz."

80 Prozent der Gothaer sind Atheisten, rund 15 Prozent Protestanten und keine fünf Prozent Katholiken. Im Augustinerkloster, heute ein Hotel und Begegnungszentrum, war sogar Luther mehrere Male zu Gast, um nebenan in der Kirche zu predigen.

Vom Mittelalter bis 1938 gab es in der Stadt auch eine lebhafte jüdische Gemeinde und eine Synagoge. Heute verweist ein verwahrlostes Denkmal am Rande der Stadt, noch von den Kommunisten errichtet, auf einem kleinen Rasenstück auf die brutalen Gewaltakte der Nazis gegen Juden während des Novemberpogroms. Als wir vorbeigehen, verrichten dort Hunde ihre Geschäfte.

„Denn man reist doch wahrlich nicht, um auf jeder Station einerlei zu sehen und zu hören." In großen Lettern begrüßt dieses Goethe-Zitat Zug-

und Busreisende in Gotha, das immer im Schatten der Kulturstadt Weimar stand. „Von diesem Bahnhof wurden in den Jahren 1942 bis 1945 Gothaer Bürger jüdischen Glaubens zur Ermordung deportiert", steht schon weniger gut sichtbar auf der Tafel „Gegen das Vergessen" am Eingang des Abfahrtsgebäudes. Die goldenen Buchstaben sind abgeblättert, der Text ist nur schwer zu entziffern.

Nicht vergessen, wollen auch einige Gothaer im Jahr 2015. „Mein Glaube ist der Humanismus", postulieren die Atheisten und organisieren als Ehrenamtliche des „Gewerkschaftsladens" Veranstaltungen gegen Rassismus oder gegen Aufmärsche von „Pegida", „Thügida" & Co. Sie drucken Plakate mit „Refugees welcome! Racists and Nazis not!" „Flüchtlinge willkommen, Rassisten und Nazis nicht!" Aber auch ihre Flugblätter sind nicht ganz frei von Kampfparolen.

„Was dieser Opportunismus schon alles
auf dem Gewissen hat, es ist schauderhaft!
Er ist der Hemmschuh, die Sklavenkette,
die sich an jede energische Tätigkeit hängt,
die alles hindert, die jede Handlung
unmöglich macht; er ist der Grund der
heutigen Flügellahmheit, des Misstrauens ..."

Der Ausländeranteil von Gotha sei gering, hatte uns Oberbürgermeister Kreuch erklärt. Von den derzeit 45.000 Einwohnern sind 2000 Ausländer. Diese stammen vorwiegend aus Italien, aus dem ehemaligen Jugoslawien, aus Polen und

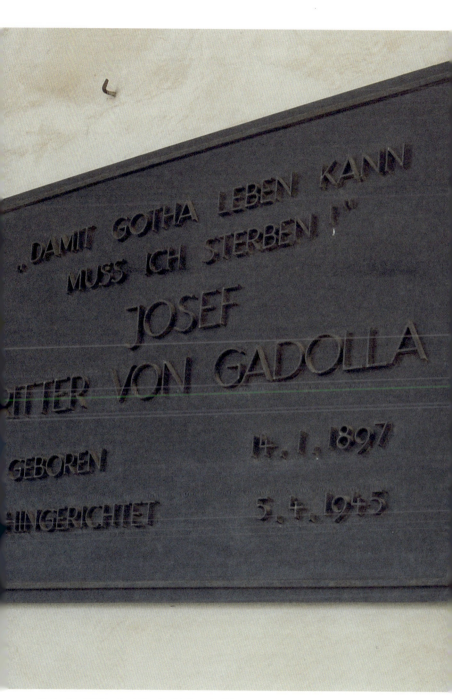

Gedenktafel für Gadolla im Hof von Schloss Friedenstein.

aus dem Baltikum. Dazu kommen noch rund 100 Asyl suchende Menschen, untergebracht in den erbärmlichen Lagern im Osten und Norden der Stadt. Nach den USA ist Deutschland heute das begehrteste Einwanderungsland der Welt. Neun von zehn Bewerbern der europäischen „Blue Card" wollen in die Bundesrepublik. Parallel dazu steigt landesweit die Zahl der brennenden Asylunterkünfte und wöchentlichen Protestmärsche. Deren Ton wird immer aggressiver.

Aber auch die Gegenstimmen werden lauter. Die Aktivisten des „Gewerkschaftsladens" haben in einem Bündnis gegen Rechts zuletzt in Gotha den Demonstrationszug von Hunderten Neonazis behindert und deren geplante Route durch die Innenstadt blockiert. Kein Durchmarsch also, denn immer wieder gibt es Menschen, die „Stachel im Fleisch" sind. Die Widerstand leisten. Die die Erde nicht brennen lassen, wie Josef Ritter von Gadolla. „Wenn es einen Sinn hat, auf der Welt zu sein, dann den, Gutes zu tun", sagt der KZ-Überlebende und Schriftsteller Aharon Appelfeld. Zu jeder Zeit.

Die gefetteten, kursiven Zitate ...
... stammen von Bertha von Suttner. Die österreichische Friedensnobelpreisträgerin war kurz vor Beginn des Ersten Weltkriegs im Alter von 70 Jahren verstorben. Es ist ein merkwürdiger Zufall, dass die Überreste der in Prag geborenen und lang in Wien lebenden Pazifistin und Schriftstellerin just in Gotha zu finden sind. Testamenta-

risch hatte sie verfügt, dass ihr Leichnam dorthin überführt und verbrannt werden sollte, denn in Gotha gab es das erste Krematorium auf europäischem Boden. Die Urne aus grünem Marmor mit der Asche der Botschafterin des Friedens steht prominent auf einem Podest im Zentrum der Urnenhalle.

Keine Tat bleibt ungesühnt

Die fränkische Stadt trägt schwer am Erbe der Nationalsozialisten. Sie diente als Kulisse für die Reichsparteitage, war dann aber auch Stätte für die Prozesse gegen die Kriegsverbrecher. Und ebnete damit den Weg für den Internationalen Strafgerichtshof.

INGO HASEWEND (TEXT)
HASEWEND (2), STADTARCHIV NÜRNBERG (FOTOS)

Auf dem Asphaltstreifen vor der Führerkanzel üben Jugendliche Slalom fahren mit dem Skateboard. Junge Familien schieben Kinderwägen über eine Straße, die einst Aufmarschstätte der Nazis war. Auf der Wiese jagen Sportler einem Ball hinterher. Manche sonnen sich auch einfach auf den steinernen Zeugen eines gigantomanischen Personenkults. Einige klettern herum auf den Ruinen einer menschenverachtenden Ideologie. Es ist der erste warme Frühlingstag in Nürnberg, und den nutzen die Bewohner der fränkischen Stadt traditionell, um in die Parkanlagen südöstlich des mittelalterlichen Zentrums auszuschwärmen. Es ist eine Grünanlage, die schwer mit Geschichte getränkt ist – schwerer vielleicht als alle anderen Grünanlagen in Deutschland. Auf dem Gelände an den Dutzendteichen hielten die Nationalsozialisten ihre Parteitage ab. Hier schwor Adolf Hitler sein Volk auf die kommenden Kriege ein. Hier verkündete Hermann Göring die Nürnberger Rassegesetze, die den Weg zum Holocaust ebneten. Hier entstand der Personenkult um Hitler.

Es ist nicht mehr viel übrig von diesem dunklen Erbe. Aber es ist genug, um deutsche Besucher mit der Vergangenheit zu konfrontieren und amerikanischen Touristen jenen Gruselfaktor zu bieten, den sie sich von ihrem Nürnberg-Besuch versprechen. Und es kommen viele Amerikaner. Fast alle Flusskreuzfahrten auf Main und Donau bieten für die vielen US-Touristen ein Spezialprogramm zu „Nazi-Nürnberg" mit Nürnberger Pro-

Von der Haupttribüne auf dem Zeppelinfeld ist nur noch ein Teil erhalten. Als Vorbild dafür diente dem Architekten Albert Speer der antike Pergamonaltar.

zessen, NS-Reichsparteitagsgelände, Germanischem Nationalmuseum und Burg als Schauplatz der mittelalterlichen Reichstage. Keine andere Stadt ist deutscher, ist germanischer als Nürnberg – so haben es jedenfalls die Nazis gesehen. Heute steht Nürnberg wie keine andere Stadt für die Nationalsozialisten.

Hartmut Heisig führt eine Gruppe von 20 Touristen über das Gelände. Amerikaner sind diesmal keine dabei. Heisig gehört einem Verein an, der sich um die Geschichtspflege kümmert.

Der Historiker vom Verein „Geschichte für Alle" warnt schon nach den ersten Schritten hinter dem Dokumentationszentrum vor dem Massenandrang. Man solle sich ja nicht verlieren. Auf dem Reichsparteitagsgelände ist Volksfest. Direkt neben dem Kongresszentrum der Nazis schwingt eine Riesenschaukel juchzende Menschen in die Höhe. Vom Riesenrad kann man sogar fast in das Rund des Megabaus sehen. Die Kongresshalle ist zwar wegen des Kriegsausbruchs 1939 nicht mehr vollständig fertiggestellt worden, aber auch in dem erhaltenen Zustand ist sie noch das größte Gebäude, das die Nazis in Deutschland hinterlassen haben. Jetzt ist es unfreiwillige Kulisse für den Volksspaß auf einem Gelände, das auch schon vor den Nationalsozialisten die Sommerfrische der Nürnberger war.

Heisig macht einen einstündigen Bogen über das riesige Gelände, auf dem einiges nie fertiggestellt wurde und einiges nach dem Zweiten Weltkrieg dem Erdboden gleichgemacht wurde. Und an das heute nur noch Infotafeln erinnern. Er erzählt von den Wirrungen, die der Umgang mit den Hinterlassenschaften des Nazi-Regimes in den vergangenen 70 Jahren gebracht hat. In den Siebzigerjahren war etwa ein Einkaufszentrum in der unfertigen Kongresshalle geplant, zuvor sogar ein Stadion für den 1. FC Nürnberg. „Praktisch wurden hier jahrelang aber die falsch geparkten und abgeschleppten Autos aus der Altstadt abgestellt und mussten dann ausgelöst werden", erzählt Heisig. Nach einer kurzen Phase, in der ein Versandhaus die weitläufigen Räume für seine Logistik genutzt hat, lagern hier inzwischen ungenutzte Schulmöbel und Straßenschilder, ein Ruderverein stellt seine Boote ein, und auch alte Feuerwehrautos finden ihren Platz. „Außerdem stehen hier in der Kongresshalle der Nationalsozialisten die Buden des Nürnberger Christkindlmarktes", erzählt Heisig und erntet dafür von der Gruppe eine erstauntes Lachen

Die Tour endet auf dem Zeppelinfeld mit der nach den Plänen von Albert Speer errichteten großen Tribüne. Es ist das Einzige, was das Regime Hitlers fertiggebracht hat. Hier veranstaltete die NSDAP seit 1927 zunächst unregelmäßig und ab 1933 jährlich ihre Reichsparteitage. Dort ließ Hitler mit einer gigantomanischen Heerschau Tausende Soldaten an sich und seinem Parteivolk in pompös inszenierten Massenveranstaltungen vorbeimarschieren. Der Mittelteil der marmorverkleideten Tribüne ist noch heute weitgehend unverändert. Nur das überdimensionierte Hakenkreuz wurde von den US-Amerikanern bereits im April 1945 in die Luft gejagt. Das Filmdokument der Sprengung ist heute ebenso berühmt wie das Hissen der sowjetischen Fahne von Rotarmisten auf dem Reichstagsgebäude in Berlin. Die Seitenflügel der Tribüne mit ihren Säulenreihen wurden Ende der 1960er-Jahre auf Beschluss des Stadtrats abgetragen. Offiziell waren sie baufällig, es passte aber auch in die Zeit, sich vom nationalsozialistischen Erbe zu trennen.

In den Katakomben der einsturzgefährdeten Haupttribüne zeigt Heisig Relikte der Nazizeit an den Decken. Dann führt er die Gruppe zum Abschluss an die Stelle, wo Hitler seine Reden auf dem Reichsparteitag hielt – eingefangen von Leni Riefenstahl im NS-Propagandafilm „Triumph des Willens". Auf der „Führerkanzel" steht gerade ein Paar aus Frankreich und macht ein Selfie. Von der anderen Seite des Zeppelinfeldes dringt ein gedämpfter Jubelschrei herüber. Dort – gerade noch in Sichtweite – findet zum Zeitpunkt der Führung ein American-Football-Spiel statt. Die marode Gegentribüne ist üppig gefüllt mit Footballfans. Ausgerechnet dieses uramerikanischste aller Kräftemessen, der Nationalsport der einstigen Kriegsgewinner auf dem Boden, wo der völkische Rassenwahn seinen Ursprung nahm. Und unweigerlich schießt einem der dumme Spruch durch den Kopf: Wenn der Führer das gewusst hätte. Es ist ein Treppenwitz der Geschichte, dass im Transformatorhaus für den Strom der Lichtspektakel bei den Parteitagen nun eine amerikanische Burgerkette eingezogen ist.

Nürnberg atmet schwer nach Geschichte und tut sich nicht leicht mit dem Erbe. So dauerte es genau 40 Jahre, bis die erste provisorische Ausstellung 1985 auf dem Gelände eröffnet wurde. Weitere drei Jahre, bis die Stadt sich entschloss, das Gelände zur Erinnerungsstätte auszubauen und das Areal als Sport- und Erholungspark wiederzubeleben.

Sogar erst im neuen Jahrtausend begannen im Kopfbau der Kongresshalle die Bauarbeiten für ein Dokumentationszentrum. Heute durchschneidet ein 110 Meter langer Gang aus Stahl und Glas die Herrschaftsarchitektur der Nazis aus Backstein und Marmor. Der Grazer Architekt Günther Domenig wollte damit symbolisch einen „Speer durch Speer stechen", sagt die Historikerin Henrike Claussen. Die Kuratorin des Dokumentationszentrums schiebt aber schnell nach, dass dieser Satz Domenigs historisch ja nicht ganz korrekt sei, weil ausgerechnet die Kongresshalle nicht von Hitlers Lieblingsbaumeister gebaut wurde. Allerdings geht das Gesamtkonzept des Geländes auf Albert Speer zurück, sagt Claussen. Und kein anderer Architekt steht so für die Monumentalbauten der Nazis wie Speer.

Deshalb ist Speer auch die beste Brücke zum anderen großen Erbe Nürnbergs. Denn Hitlers

Die Kongresshalle auf dem Reichsparteitagsgelände der Nationalsozialisten ist unvollendet geblieben. Es fehlen die gläserne Dachkuppel, die Marmorverkleidung im Inneren und die Tribünen.

Generalbauinspekteur für die Reichshauptstadt war ab 1942 auch Reichsminister für Bewaffnung und Munition und musste sich dafür als Kriegsverbrecher bei den Nürnberger Prozessen verantworten. „Die 20 Jahre Haft sind aus heutiger Sicht, also nach dem, was wir heute wissen, wohl eine sehr niedrige Strafe", sagt Martina Christmeier vom Memorium Nürnberger Prozesse. Die Kuratorin vermutet, dass Speer mit den erst nach seinem Tod bekannt gewordenen Beteiligungen am Bau von Konzentrations- und Massenvernichtungslagern 1946 zum Tode verurteilt worden wäre.

Martina Christmeier steht vor einer Schautafel im Memorium, das im Nürnberger Justizpalast im Stockwerk über dem Saal 600 eingerichtet worden ist. In diesem Schwurgerichtssaal mussten sich in den Jahren 1945 und 1946 erstmals in der Geschichte Repräsentanten eines Staates wegen Kriegsverbrechen und Verbrechen gegen die Menschlichkeit verantworten. Es ist ein Ort, an dem schauriges Zeugnis abgelegt wurde über das Ausmaß und die Details der nationalsozialistischen Verbrechen. Und gleichzeitig der Ort, an dem eine internationale Strafgerichtsbarkeit geboren wurde. Auch wenn das „Versprechen von Nürnberg", Staatsverbrechen nach dem Völkerrecht zu ahnden, lange unerfüllt blieb. Denn erst 1993 setzte der Weltsicherheitsrat der Vereinten Nationen zu den Verbrechen während der Jugoslawienkriege einen Internationalen Strafgerichtshof ein und damit den Auftrag aus Nürnberg um. Das

Erbe Nürnbergs wurde sogar erst im Jahr 2002 zu Stein, als der Internationale Strafgerichtshof in Den Haag auf der Grundlage des Römischen Statuts von 1998 seine Aufgabe als unabhängiges Weltgericht aufnahm. Dabei sind es ausgerechnet die USA und Russland, die den völkerrechtlichen Vertrag zu Den Haag noch immer nicht ratifiziert haben, obwohl sie doch in Nürnberg gemeinsam mit Frankreich und Großbritannien über die Vertreter des Nazi-Regimes richteten. Es ist auch der Hauptgrund, warum sich das moralische Erbe Nürnbergs bis heute nicht vollständig erfüllt hat. Nur 61 Staaten sind nach der Aufnahme Palästinas dabei, wichtige Staaten wie Indien, Israel, China oder Russland und die USA jedoch nicht.

In Nürnberg ist man dennoch stolz auf die direkte Linie zum Weltstrafgerichtshof, erzählt die Kuratorin des Memoriums. „Die Prozesse waren ein Glücksfall für Nürnberg, weil sie der Stadt damit neben der negativen auch eine positive historische Note geben." Dabei war die Stadt 1945 nicht wegen ihrer Geschichte erste Wahl für die Alliierten, erklärt Christmeier. Es gab vor allem sachliche Gründe, die für den Standort sprachen. Der Saal 600 war einer der wenigen in Deutschland, der überhaupt heil geblieben war, genug Zellen im angrenzenden Gefängnis und einen direkten Gang für die Häftlinge zum Gerichtssaal bot, damit die Nazi-Verbrecher nicht an jedem Prozesstag durch die Stadt gefahren werden mussten. Außerdem bot der Saal genügend Platz für den erwarteten Andrang und die

Vom 20. November 1945 bis zum 14. April 1949 wurden im Saal 600 des Justizpalastes die Nürnberger Prozesse gegen die Hauptkriegsverbrecher vor dem Internationalen Militärgerichtshof durchgeführt.

filmischen Bedürfnisse. Denn die Amerikaner setzten von Anfang an auf die Kraft der Bilder, die der Welt das Grauen zeigen sollten. So habe ein Beauftragter beim ersten Besuch des Raums auch sofort nach der großen Wand geschaut, ob man dort eine Leinwand befestigen kann, wo die Filme von der Befreiung der Konzentrationslager für alle Prozessbeteiligten gezeigt werden konnten, erzählt Christmeier, während sie an der Stelle steht, wo sich Hermann Göring und Co vor dem Gericht verteidigen mussten. Auch heute stehen an dieser Stelle übrigens noch immer Angeklagte, denn der Raum wird an einigen Tagen noch immer als Schwurgerichtssaal für Kapitaldelikte genutzt. „Es muss schon ein komisches Gefühl sein, dort als Angeklagter zu stehen, wo auch Göring stand", sagt die Historikerin – und in der ersten Zuschauerreihe schauen zwei von den fünf Besuchern auf.

Ein älteres Ehepaar aus New York sitzt in der ersten Zuschauerbank vor einem Monitor und schaut sich die filmischen Dokumente des Prozesses an. Auch die Beweisfilme aus den Konzentrationslagern. Seit 1917 waren bewegte Bilder in Gerichtsverfahren in den USA zugelassen, doch erst in Nürnberg wurden Filme zum ersten Mal in der Gerichtsbarkeit eingesetzt. Das graumelierte Paar schüttelt unentwegt den Kopf über die Bilder und Aussagen der Täter. Auch im Prozess soll es unglaublich still gewesen sein, als das Grauen auf der riesigen Wand gezeigt wurde, wo heute der Richterplatz ist und damals die Übersetzer saßen.

Tatsächlich wird derzeit in Nürnberg überlegt, das Gericht zu verlegen und den Saal 600 nur noch als reine Erinnerungsstätte zu belassen. Zu oft kämen Besucher aus Übersee, die ihre Europareise mit einem Nürnberg-Stopp akribisch planen und dann vor einem verschlossenen Saal stehen. Die Vergangenheit beschäftigt selbst die aktuelle Nürnberger Stadtpolitik immer noch. Übrigens auch mit dem Zeppelinfeld, wo zum 70. Jahrestag des Kriegsendes diskutiert wird, ob die einsturzgefährdeten Tribünen gestützt oder ganz abgerissen werden. Auch wenn sich mittlerweile eine Mehrheit für die Erhaltung und Sanierung ausspricht, so ist die Diskussion über das „Wie" mit dem Umgang mit der Geschichte auch nach sieben Jahrzehnten noch immer nicht abgeschlossen.

Das gilt aber auch weltweit, sagt Christmeier. So wird eine Grundsatzdiskussion der Nürnberger Prozesse bis heute intensiv über die Frage geführt: „Hat ein souveräner Staat das Recht auf einen Angriffskrieg?" Diese Frage war ja auch die Grundlage für das Londoner Abkommen am 8. August 1945. Denn lange Zeit nach der Kapitulation hatten die Alliierten keine einheitliche Vorstellung, wie gegen die Schuldigen vorzugehen ist. Im Londoner Statut wurden die Prinzipien festgelegt, nach denen der Internationale Militärgerichtshof (IMG) ablaufen sollte und welche Straftatbestände verhandelt wurden. Diese in London festgelegten Prinzipien flossen ab 1946 in mehreren Resolutionen in die Fortentwicklung des Völkerrechts ein und gipfelten 1948 in der allgemeinen Erklärung der Menschenrechte. 1950 schließlich formulierte die UN-Völkerrechtskommission auf Basis der Statuten und Urteile des Prozesses die universell geltenden Nürnberger Prinzipien für die Arbeit an einem internationalen Strafgerichtsbuch und einem künftigen Strafgerichtshof. Es dauerte allerdings noch weitere zwei Jahrzehnte, bis das Abkommen tatsächlich in Kraft trat. „Der Anspruch von Nürnberg als Initialzündung war lange Zeit vergessen", sagt Martina Christmeier, „die Prozesse wurden als rein historisches Ereignis gesehen."

„Was sich seit den Prozessen geändert hat, ist der Umgang mit Zeugen", sagt Christmeier. Unter den 139 geladenen Zeugen waren nur zwölf Überlebende des Holocausts, aber 19 der 21 angeklagten Hauptkriegsverbrecher. Auch sei die Betreuung der Zeugen nur dürftig gewesen. Man habe sich darüber damals nicht viele Gedanken gemacht, erzählt die Historikerin. Alle kamen ja aus dem Horror des Krieges, auch die Ankläger selbst, und man hatte zudem keine Erfahrung mit derartigen Verfahren. „Das ist der Lernwert von Nürnberg für die heutigen internationalen Strafverfahren." Ebenso hat man aus der Zusammensetzung der Richter und Ankläger gelernt. Sie waren 1945 Angehörige der Siegermächte, und so hing dem Prozess in Deutschland lange Jahre der Ruf nach, es habe sich um „Siegerjustiz" gehandelt.

Und noch ein Erbe von Nürnberg ist heute selbstverständlicher Teil von Politik über Justiz bis hin zu großen Konferenzen – auch wenn das kaum jemand weiß: die Simultanübersetzung. Bis 1945 wurde grundsätzlich überall nur konsekutiv übersetzt, also Übersetzung erst nach der gesamten Rede. Die Alliierten wollten aber verhindern, dass die Nazi-Schergen sich während der Übersetzung der Originalfragen, die sie ja durchaus verstanden hatten, Zeit gewannen, um sich eine Lüge auszudenken. „So gilt Nürnberg auch als Geburtsort der Simultanübersetzung", sagt Christmeier lächelnd, und es wirkt ein wenig glücklich über das Aha-Erlebnis. Denn so kann sie selbst erfahrenste Besucher mit etwas überraschen, das diese vorher noch nicht über Nazi-Nürnberg wussten.

Die Wiege des neuen Europa

Die Befestigungsanlagen an der Westfront haben sich als große Illusion erwiesen. Die Überwindung der Grenze stand am Beginn des neues Europa. Dessen Wiege liegt in Luxemburg und Lothringen.

MICHAEL JUNGWIRTH (TEXT)
GEORGES SCHNEIDER (FOTOS)

Die ostfranzösische Hügellandschaft ist bei prachtvollem Wetter an Lieblichkeit kaum zu überbieten. Felder, Weiden und Wälder verlieren sich am Horizont. Kein hässliches Haus im Billigstil, keine Schweinefabrik, kein zerfallener Bauernhof trübt den Blick. In dieser Region hat das Wort der Raumplaner noch Gewicht. Supermärkte, Tankstellen, Reihenhäuser gruppieren sich in konzentrischen Kreisen um den historischen Ortskern. Die Bezeichnung „Verhüttelung" findet keine Entsprechung im Französischen.

Nur im zweiten Gang ist die schmale Straße hinauf zum Parkplatz zu überwinden. Eine mächtige, dunkle Betonwand ragt aus dem Hügel hervor, ein schmaler Gang führt in das Innerste an drei gut 30 cm dicken Stahltüren vorbei in das Reich der großen Illusion.

„Der Alltag war nicht viel anders als auf einem U-Boot", erzählt Bernard, der die Gruppe durch das Labyrinth im Ouvrage de Hackenberg führt. Ein zehn Kilometer langes Tunnelsystem verliert sich im Berg – mehr als 30 Meter unter der Erdoberfläche. Mit einem elektrisch betriebenen Mini-Zug, der einer Spielzeugeisenbahn gleicht, werden die Touristen durch die Anlage gefahren, damals wurden damit Granaten und Munition zu den unterirdisch zu bedienenden Kanonen geführt.

Als Deutschland im Mai 1940 Frankreich den Krieg erklärte, wurden die Stahltüren luftdicht

Nutzlose Maginot-Linie: Das Ouvrage do Hackenberg zählt zu den größten Bunkeranlagen an der Westfront.

verschlossen – nur durch eine Telefonleitung war man mit der Außenwelt verbunden. 1000 Soldaten und Offiziere standen in Gefechtsbereitschaft und warteten auf den Feind. Fünf Wochen lang sah die Mannschaft kein Sonnenlicht, in Acht-Stunden-Schichten versah man seinen Dienst. Auch das Bett teilte man sich mit zwei Kameraden. Nicht nur am Gefechtsstand, auch im Schlafsaal gab es den Schichtbetrieb.

Während des Kriegs mussten die Soldaten, erzählt Bernard, auch in der Freizeit unten bleiben, durften nicht ans Tageslicht, geschweige denn Frischluft schnuppern. Das hätte tödlich ausgehen können. Nur zehn Kilometer entfernt liegt Deutschland. Damit nicht Giftgas in die Anlage eindringt, wurde im Innersten ein künstlicher Überdruck erzeugt. Der unterirdische Bunker war autark – mit Generatoren, einer Luftfilteranlage, einer eigenen Küche, eigenem Zahnarzt, eigenem Operationssaal.

Zweimal hatte die Deutschen Frankreich überrannt. 1871 fand nach dem deutsch-französischen Krieg die Proklamation Wilhelms zum deutschen Kaiser im Spiegelsaal von Versailles statt, eine besondere Schmach. 1914 biss sich das deutsche Heer zwar bei Verdun und entlang der Somme fest. Nur weil die Deutschen auch an der Ostfront gebunden waren, konnten die Franzosen den mächtigen Nachbarn in einem mörderischen Stellungskrieg noch in Schach halten.

Bestialität des Krieges: Gasmasken im Ouvrage de Huckenberg.

Ein drittes Mal sollte Frankreich nicht mehr militärisch in die Knie gezwungen werden, und so ersann man in den Zwanzigerjahren die Errichtung einer Befestigungslinie entlang der 800 Kilometer langen Ostgrenze. Die Maginot-Linie war nicht als durchgehende Verteidigungsanlage – vergleichbar der Chinesischen Mauer – konzipiert, sondern bestand aus festungsähnlichen Betonanlagen, die im Abstand von zehn Kilometern in die Landschaft gegossen wurden und mit mächtiger Artillerie ausgestattet waren. Sobald die deutsche Infanterie am Horizont auftaucht, würde man diese im Dauerfeuer auf die andere Seite der Grenze zurückwerfen. Soweit die Theorie.

Der Festungsbau war noch gar nicht abgeschlossen, da meldete sich 1934 ein damals unbekannter Offizier, ein gewisser Charles de Gaulle, mit einer Streitschrift zu Wort, in der er die militärische Sinnhaftigkeit der Maginot-Linie in Zweifel zog. Statt sich hinter der Ostgrenze mit Millionen von Wehrpflichtigen einzugraben, sollte Frankreich lieber auf eine Berufsarmee umschwenken und moderne Panzerverbände schaffen, die flexibel gegen die säbelrasselnden Deutschen zum Einsatz kommen sollten. Die Maginot-Linie sei ein Anachronismus, so de Gaulle sinngemäß, der ins 19. Jahrhundert passe.

De Gaulle sollte recht behalten. In nur sechs Wochen marschierte Hitlers Wehrmacht bis Paris durch. Die deutschen Generäle hatten die Schwachstellen der Maginot-Linie bald erkannt.

In unmittelbare Berührung mit deutschen Soldaten kamen die Verteidiger von Hackenberg erst Mitte Juni – die Angreifer kamen von hinten, man war umzingelt. Dass nach der Kapitulation von Frankreich auf vielen Anlagen noch einige Wochen die Trikolore wehte, wird von Bernard, dem Fremdenführer von Hackenberg, als Inbegriff der Wehrhaftigkeit hervorgestrichen. Welch' Illusion! Angesichts der militärischen Nutzlosigkeit der Maginot-Linie hatten sich die Deutschen gar nicht erst der Mühe unterzogen, die Anlagen einzunehmen.

30 Kilometer von Hackenberg entfernt liegt in einer tiefen Senke von Luxemburg-Stadt das Geburtshaus von Robert Schuman. In dessen Biografie drückt sich die Absurdität von Grenzen und Nationen aus. 1886 als Sohn eines Franzosen in Luxemburg geboren, war der Erfinder der Europäischen Union zunächst Reichsdeutscher, hatte sich doch Deutschland 1871 Lothringen und das Elsass einverleibt. Im Ersten Weltkrieg kämpfte der spätere französische Außenminister auf deutscher Seite, 1919 fiel Lothringen wieder an Frankreich zurück, im Alter von 33 Jahren hielt er erstmals einen französischen Pass in Händen.

Nur fünf Jahre nach dem Zweiten Weltkrieg schrieb Schuman Weltgeschichte, als er am 9. Mai 1950 in einer denkwürdigen Pressekonferenz am Quai d'Orsay den nach ihm benannten Schuman-Plan vorlegte, der die Basis für die

Charles Barthel: „Robert Schuman war kein Europafanatiker."

spätere Montanunion bildete – basierend auf einem genialen Konzept: Kohle und Stahl, die Ausgangsbasis der Waffenproduktion, sollten der Souveränität der Nationalstaaten entrissen und einer transnationalen europäischen Behörde übertragen werden. „Wir müssen dem Krieg seine Existenzgrundlage rauben", begründete Schuman den Schritt.

„Schuman war kein Europafanatiker, sondern ein Realpolitiker", erklärt Historiker Charles Barthel, der das nach dem EU-Erfinder benannte Forschungsinstitut in dessen Geburtshaus in Luxemburg leitet. Lothringen wurde innerhalb von 70 Jahren dreimal zum Spielball der großen Politik und zum militärischen Aufmarschgebiet. Schuman, der Lothringer, der in Deutschland studierte und in Berlin promovierte, verstand als französischer Außenminister sofort, wie der große Nachbar tickt. Statt dem Erbfeind – wie 1919 in Versailles durch Clemenceau – neuerlich einen Schmachfrieden oktroyieren zu wollen, ließ Schuman diplomatisches Fingerspitzengefühl walten. „Schuman hat zwar den Deutschen die Rüstungsindustrie entrissen", so Barthel, „aber im selben Atemzug wurde Deutschland als gleichberechtigter Partner auf das internationalen Parkett zurückgeholt und wieder salonfähig gemacht – und das nur fünf Jahre nach Ende des Kriegs. Ein besonderer Schachzug."

Seine Erfahrungen als Grenzgänger, dem unfreiwillig Staatsbürgerschaften aufgezwungen wurden, bringt Schuman wenige Monate vor seinem Tod in seiner Streitschrift „Für Europa" zu Papier. „Die Grenzen waren das Ergebnis einer ehrwürdigen historischen Entwicklung. Sie abzuschaffen, käme gewiss niemand in den Sinn. Wir wollen den Grenzen ihre unversöhnliche Feindseligkeit nehmen. Diese armen Grenzen! Sie können längst nicht mehr unsere Sicherheit und Unabhängigkeit schützen. Sie werden überschritten und überflogen, von der fünften Kolonne verachtet." Um dann zur bitteren Erkenntnis zu kommen: „Man befestigt keine Grenzen mehr – diese Maginot-Linie, diese wunderbare Täuschung, hinter der wir uns verschanzt haben, besteht nicht mehr."

Die Überwindung der Grenze ist für Schuman gleichbeutend mit der Überwindung des nationalstaatlichen Denkens. „Nach zwei Weltkriegen haben wir endlich erkannt, dass der beste Schutz einer Nation nicht mehr in der ‚splendid isolation' und der eigenen Kraft liegt, sondern in der Solidarität der von demselben Geist geleiteten Nationen. Die ‚splendid isolation' ist zu einem Irrtum, einem unausführbaren Anspruch geworden. Über den veralteten Nationalismus soll in Zukunft das Gefühl der Solidarität der Nationen stehen."

Mit der Gründung der Europäischen Gemeinschaft für Kohle und Stahl und der späteren Europäischen Union brach Europa, dessen Vergangenheit von Krieg und Verderben geprägt war, zu neuen Ufern auf. Den beiden Erbfeinden sollte nicht zum vierten Mal innerhalb eines Jahrhunderts die Gelegenheit eingeräumt werden, sich hinter ihren Grenzen einzubunkern und bis an die Zähne bewaffnet den Angriff zu wagen oder auf den Gegenangriff zu warten. Künftig sollten Konflikte zwischen Europäern nicht mehr auf dem Schlachtfeld, sondern am grünen Tisch in Brüssel ausgefochten werden.

Schuman blieb, wie Barthel unterstreicht, stets Realist. „Er hat verstanden, dass man die Grenze nicht ausradieren kann, aber überwinden muss, um den Krieg ein für alle Mal aus der Welt zu schaffen." Der gläubige Katholik, der sich in jungen Jahren mit dem Gedanken trug, Priester zu werden, lebte sein ganzes Leben lang zölibatär. Bald nach seinem Tod wurde vom Bischof von Metz im Vatikan der Antrag auf Seligsprechung deponiert. „Schuman wäre der Erste, der sich dreimal im Grab umdreht", ätzt Barthel.

In der langen Unterredung mit dem Luxemburger Historiker stellt sich gegen Ende des Gesprächs Nachdenklichkeit ein, als wir auf die Lage in der Ukraine, im Nahen Osten, auf den Islamismus und Terrorismus oder den Vormarsch des Links- und Rechtspopulismus zu sprechen kommen. „Wir haben leider alle vergessen, wie schnell der Frieden verloren gehen kann und die Abwesenheit von Krieg keine Selbstverständlichkeit ist."

Die von Schuman angepeilte Überwindung der Grenze, die im Zweiten Weltkrieg in Hacken-

Robert Goebbels, einer der Architekten des Schengen-Vertrags, in der kleinen luxemburgischen Grenzgemeinde am Dreiländereck mit Deutschland und Frankreich.

berg und anderswo ihrer Scheinsicherheit beraubt wurde, findet ihre Apotheose ein paar Kilometer entfernt im idyllischen luxemburgischen Grenzort Schengen, unweit des Dreiländerecks mit Frankreich und Deutschland. Auf einem Dampfer an der Mosel wurde im Juni 1985 die erste Version des Schengen-Vertrags unterzeichnet. „Wenn mein Chef gewusst hätte, dass der Vertrag in die Weltgeschichte eingeht, hätte er das Papier selbst unterzeichnet und nicht mich hingeschickt", witzelt Robert Goebbels, der damals Staatssekretär unter dem legendären luxemburgischen Außenminister Jacques Poos war. Auch Außenminister Hans-Dietrich Genscher, ein Meister der medialen Selbstinszenierung, schickte einen Staatssekretär vorbei, einen gewissen Waldemar Schreckenberger, dessen Bekanntheitsgrad bei Günther Jauch oder Armin Assinger für die Millionenfrage reichen würde.

Tatsächlich war die damalige Vertragsunterzeichnung auf dem Schiff „Princesse Marie Astride" ein mediales Non-Event. „Die einzigen Fernsehbilder von der Zeremonie stammen von einem französischen Regionalsender", scherzt der heute 71-jährige Sozialdemokrat, der seine Karriere als Journalist begann und zuletzt im EU-Parlament tätig war. „Nicht einmal das Luxemburger Fernsehen schickte ein Kamerateam vorbei." Dass eines Tages alle Schlagbäume zwischen dem Nordkap und Neapel, Sofia und Lissabon verschwinden würden, stand damals noch gar nicht auf der Agenda.

Heute nur noch Folklore: die Uniformkappen der Grenzbeamten.

„Die Idee hatten Helmut Kohl und François Mitterrand zu vorgerückter Stunde in einem Straßburger Lokal", erzählt Goebbels. „Konkret wollten beide die Personenkontrollen am deutsch-französischen Grenzübergang in Kehl bei Straßburg beseitigen. Bald hat man erkannt, dass das eine Schnapsidee ist – nur an einem einzigen Übergang die Schlagbäume zu beseitigen." Und so entstand die Idee, Erleichterungen im kleineren Grenzverkehr zwischen den drei Benelux-Ländern, Deutschland und Frankreich zu schaffen. Als das Vorhaben unterschriftsreif war, hatte gerade Luxemburg den Vorsitz im Benelux-Rat. „Mir war gleich klar", so Goebbels, „dass wir den Vertrag in Schengen im Dreiländereck unterzeichnen mussten." Erst der 1990 aus der Taufe gehobene Folgevertrag schuf die Basis für den späteren Wegfall aller Grenzkontrollen in der Schengen-Zone.

Dass das Abkommen den Namen der 500 Einwohner kleinen Moselgemeinde trägt, hatte die spätere französische Premierministerin Edith Cresson nie verwunden. Eines Tages stellte sie ihren Parteifreund Goebbels zur Rede: „Warum hast du das Ding denn in dem unaussprechlichen Schengen unterzeichnet?", worauf Goebbels schlagfertig konterte: „Ich wollte es ursprünglich in Schlindermanderscheid tun, habe mich dann aber für Schengen entschieden." Worauf Cresson kleinmütig beigab: „Das hast du gut gemacht." Schlindermanderscheid zählt noch weniger Einwohner als Schengen und liegt im Norden des Großherzogtums.

Doch der geschichtsmächtige Wurf, der den Namen dieser kleinen Gemeinde trägt, bewahrt Bürger nicht vor dem Rückfall in Kleingeistigkeit und Provinzialismus. Nicht nur in der Steiermark, auch im Großherzogtum wurden in den letzten Jahren Kleingemeinden zusammengelegt. In dem Dreiländereck sollten gleich drei Kommunen zusammengefasst werden. Bürgermeister Ben Homan empfängt die Gäste im Rathaus, das allerdings in Remerschen liegt. Der Papierform nach hätte die neue Großgemeinde nach Remerschen benannt werden müssen – und nicht nach Schengen, der kleinsten und ärmsten Kommune. „Nach längeren Diskussionen haben alle das Potenzial des Namens erkannt", erklärt Homan höchst diplomatisch. Das Gerangel um den Ortsnamen kostete seinen Vorgänger den Job.

Ein kleines, sehenswertes Museum lockt heute Menschen aus aller Welt an, vor allem Asiaten, die für die Einreise nach Europa ein sogenanntes Schengen-Visum benötigen. Der Schengen-Raum deckt sich nicht vollständig mit der EU. Briten, Iren, Rumänen oder Bulgaren gehören nicht dazu, dafür haben sich die Schweiz, Norwegen, Island, Liechtenstein dem Europa ohne Grenzen angeschlossen. Von den Bürgern aus 120 Ländern verlangen die Europäer heute ein Visum.

Wie es ihm gehe, der Bürgermeister der wohl bekanntesten Kleinstgemeinde der Welt zu sein? Homan lacht auf. „Bethlehem ist wohl bekannter,

Schengens Bürgermeister Ben Homan. „Wir haben kein Problem, uns mit Platz zwei nach Bethlehem zu begnügen."

aber wir haben kein Problem, uns mit Platz zwei zu begnügen."

Ungleich ernster wird das Gespräch, als wir auf die Flüchtlingstragödien im Mittelmeer zu sprechen kommen. „Jeder Raum, der entsteht, grenzt leider wieder aus", räumt Homan ein. In der Pfarrkirche von Schengen habe man nach der Katastrophe mit Hunderten Flüchtlingen im April am darauffolgenden Sonntag nach der Messe Dutzende Kerzen angezündet und der Toten gedacht. Der Wegfall der Kontrollen innerhalb Europas hat einen hohen Preis: die umso schärfere Überwachung der Außengrenze.

Goebbels holt weiter aus und erinnert daran, dass vor dem Ersten Weltkrieg – man kann es in Stefan Zweigs „Die Welt von gestern" nachlesen – Europas Binnengrenzen durchlässig waren. „Mit Schengen haben wir die Grenzen, die der Nationalstaat geschaffen hat, endgültig überwunden." Dass Schengen an den Katastrophen im Mittelmeer schuld sei, lässt Goebbels nicht gelten. „Wenn man Schengen aus der Welt schaffen würde, wäre kein einziges Problem gelöst."

Europa kann sich auf den Lorbeeren, die wir Persönlichkeiten wie Robert Schuman oder Robert Goebbels – und auch Konrad Adenauer, Alcide de Gasperi, De Gaulle, Helmut Kohl, François Mitterrand, Jacques Delors – zu verdanken haben, nicht ausruhen. Die EU ist eine beispiellose Erfolgsstory, die die Lehren aus dem

Zweiten Weltkrieg gezogen hat, die aber mit den aktuellen Herausforderungen innerhalb Europas (Wirtschaftskrise, Eurokrise, Arbeitslosigkeit) und außerhalb des Kontinents (Nahost, Ausbreitung gescheiterter Staaten) überfordert zu sein scheint. Das ist beunruhigend, und Ben Homan, der leutselige Bürgermeister, verweist so beiläufig darauf, dass nur einen Steinwurf von Schengen entfernt, gleich hinter der Grenze in Frankreich, die rechtsextreme Front Nationale bei den letzten Wahlen mehr als 30 Prozent erreicht hat. Eine Partei, die Europa zerschlagen, Schengen beseitigen und den Nationalstaat und die Grenzkontrollen wieder errichten will.

Die Autorinnen und Autoren

U e Baumhackl, Leiterin des Kulturressorts,
Kle. ᵔ Zeitung

Christian Esch, Moskau-Korrespondent
Kleine Zeitung, Berliner Zeitung

Thomas Götz, stv. Chefredakteur,
Kleine Zeitung

Ingo Hasewend, stv. Leiter des Außenpolitik-
Ressorts, Kleine Zeitung

Klaus Höfler, Leiter des Dossier-Ressorts,
Kleine Zeitung

Frido Hütter, ehemaliger Kulturchef,
Kleine Zeitung

Michael Jungwirth, Leiter des
Innenpolitik-Ressorts, Kleine Zeitung

Carina Kerschbaumer, Mitglied der
Chefredaktion, Kleine Zeitung

Nina Koren, Außenpolitik-Redakteurin, Kleine Zeitung

Uschi Loigge, Leiterin des Kulturressorts, Kleine Zeitung/Kärnten

Norbert Mappes-Niediek, Balkan-Korrespondent, Kleine Zeitung

Bernd Melichar, Leiter des Beilagenressorts, Kleine Zeitung

Hubert Patterer, Chefredakteur, Kleine Zeitung

Stefan Winkler, Leiter des Außenpolitik-Ressorts, Kleine Zeitung

Gil Yaron, Nahost-Korrespondent, Kleine Zeitung, Die Welt

Mahnmal im ehemaligen nationalsozialistischen Konzentrationslager Dachau.